혜원바둑총서 ⑤

사활·끝내기편

바둑
실력 테스트

| 하시모토 쇼지(橋本昌二) 지음 |

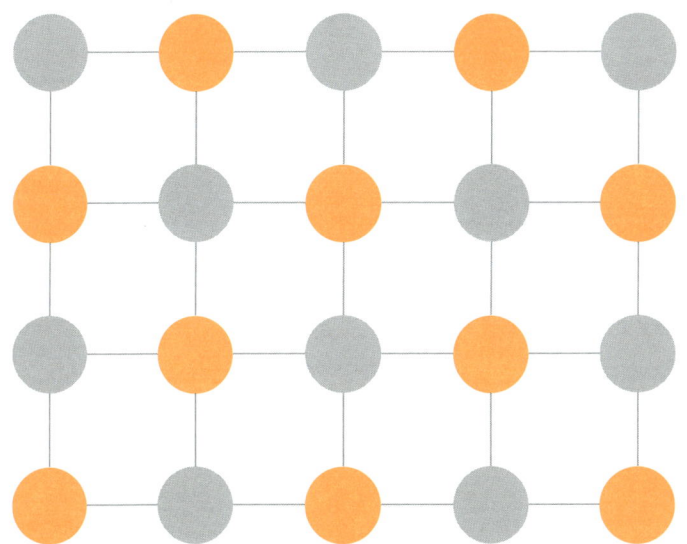

혜원

책머리에

바둑 한판의 승패는 돌의 사활을 정확히 판단하는 힘에 있다고 생각한다. 즉 돌의 사활은 바둑 이치의 기본이고, 수읽기와 실력 향상에는 사활 연구가 가장 지름길이다.

아무리 정석을 잘 암기하여 교묘한 포석을 만들어 내도 사활에서의 수읽기가 정확성을 결여하고 있다면 승기(勝機)를 잡기 어렵기 때문이다. 이 책에서는 실전에 임하여 사활의 맥을 즉시 구별하는 '직감'의 양성과 수를 정확히 읽는 연습으로서 사활 부분을 엮었다.

'바둑의 승패는 종반에 있다'고 일컬어질 만큼 끝내기에 가서야 승패가 흔들리는 일이 많다. 아마의 바둑은 끝내기를 경시하는 게 큰 결점이라 하겠지만, 프로의 바둑은 끝내기로 승부를 결판내는 경우가 많아 여기에 목숨을 걸다시피 한다.

끝내기에 강해지지 않는다면 승률을 올릴 수 없다. 1, 2집의 차이를 다투는 연구는 언뜻 보아 수수하다 싶지만, 사소해 보이는 끝내기에 의해 재미있을 만큼 바둑이 역전되는 현상이 비일비재하므로, 조금만 공부해도 눈에 띌 정도로 숙달하는 게 끝내기의 특징이다.

이 책은 초단으로 가는 길목에서 꼭 알아 두어야 할 사활과 끝내기의 '제1감'과 요령을 다각적으로 포착하여 수록했다.

<사활 테스트편>에선 일상의 대국에 잘 나타나는 사활의 모양과 정석에서 생기는 사활의 모양에서 문제를 엄선했다.

<끝내기 테스트편>에선 끝내기가 조금도 난해하거나 재미없는 것이 아니라 누구라도 이해할 수 있고 즐거운 테마라는 데 초점을 맞추어 문제를 수록했다. 무엇보다 어느 것 하나 소홀함이 없이 실전에 도움되는 문제들로만 구성했다.

 차례

1

화점 주변 귀와
변의 기본 사활

문제도

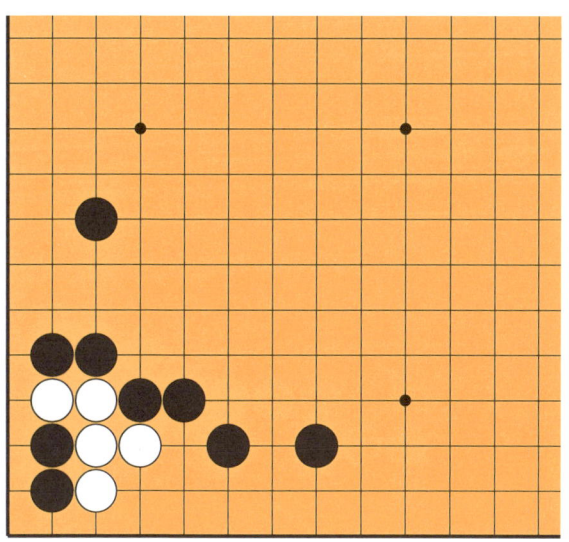

흑 두 점을 잡는 방법에 따라 한 무리의 백돌의 생사가 걸려 있다.
일석이조의 정맥에 의해 깨끗이 살아 보기 바란다.

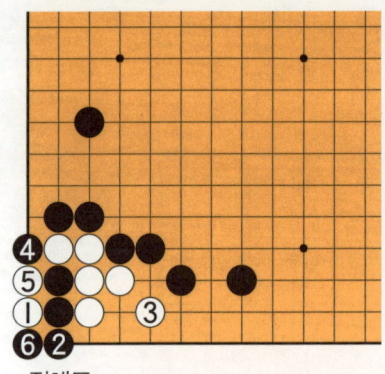

정해도

정해

▶ 백1의 붙임이 회생(回生)의 맥. 흑2는 최강의 저항인데, 백3의 눈모양의 급소로 가고 난 다음 5의 수단을 준비한다.

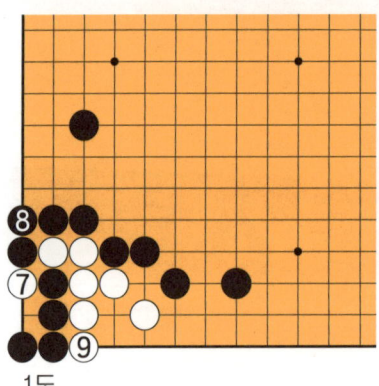

1도

1도 앞 그림에 이어 백9까지가 최선의 사는 맥. 정해의 백1은 흑 두 점을 잡는 것과 눈모양의 급소인 3의 곳을 함께 겨냥한 일석이조의 맥이란 점을 기억해 둔다.

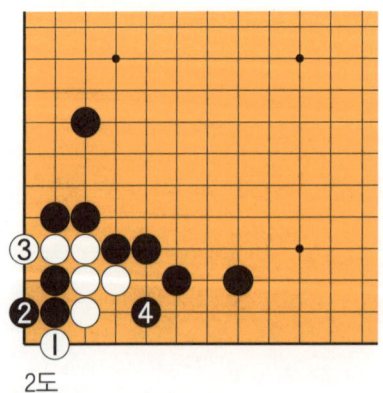

2도

2도 평범하게 백1로 젖히는 것은 흑2가 급소로서 백의 죽음. 2의 곳이 이 모양의 급소임을 알 수 있다.

문제도

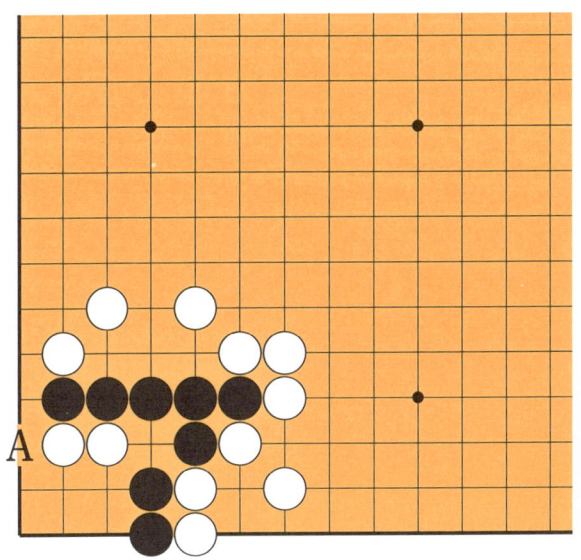

　실전에서도 생기는 유명한 모양이다. 백 두 점의 '건너감'을 막아야 하는데, 평범하게 A의 곳이라면 실패. 어째서일까?

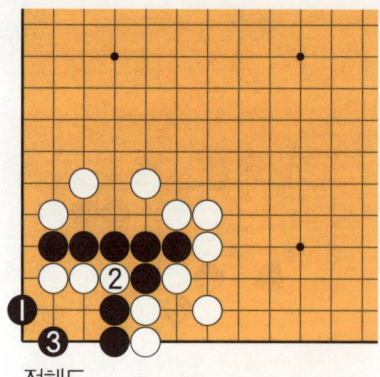

정해도

정해

▶ 다소 어리둥절해 보이지만, 흑1이 멋진 정맥으로 백의 건너감을 막는다. 백2의 끊음엔 흑3이 준비된 '버티기'로서 백 석 점은 꼼짝할 수 없다.

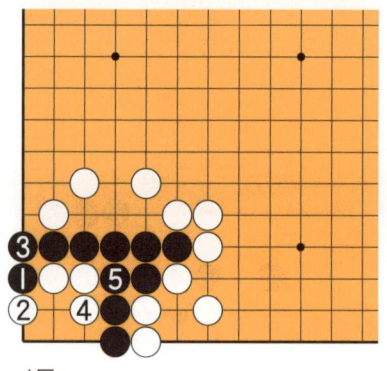

1도

1도 흑1로 평범하게 건너감을 막는 것은 백2, 4라는 반격이 성립. 흑5로 두어도 이 상태로는 흑 죽음의 모양이다.

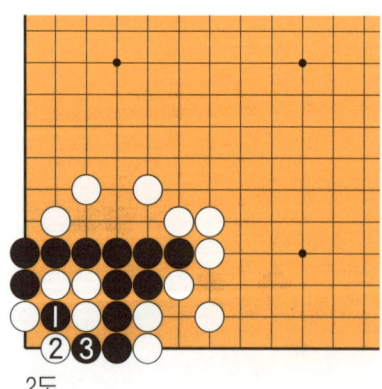

2도

2도 앞 그림에 이어 흑1, 3이 되면 백은 1의 곳에 잇고 나서, 이런 모양은 흔히 '매화6궁'의 기본형으로서 흑의 죽음이다.

문제도

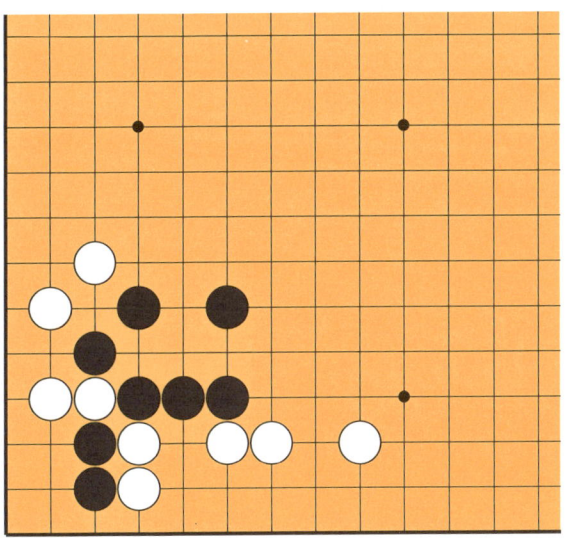

테스트 3 귀 ▶ 흑선

  귀의 흑 두 점을 살리는 방법인데, 평범한 수단으로선 잘 되지 않는다. 약간의 궁리가 필요하다.

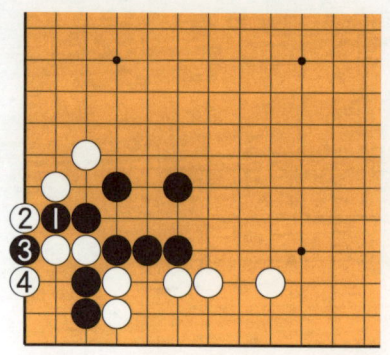

정해도

정해

▶ 흑1, 백2를 교환하고 나서 흑3의 '버림돌'을 두는 게 결정타이다. 3의 수는 사활 연구의 지식이 위력을 발휘하는 장면이다.

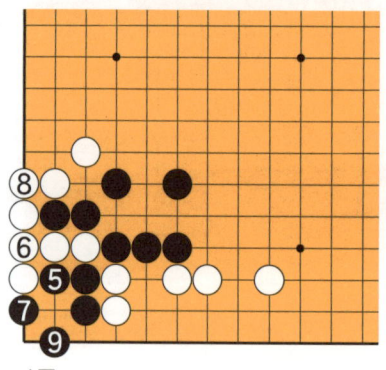

1도

1도 앞 그림의 버림돌을 안다면 나머지는 간단하여 흑5부터 9까지로 산다. 이와같이 사활에는 버림돌의 응용 범위가 넓다.

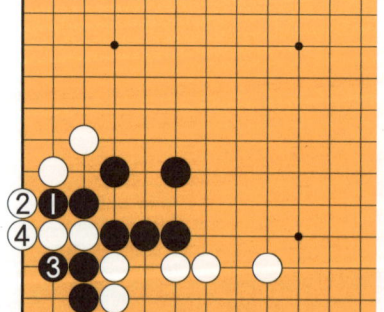

2도

2도 흑1, 백2일 때 평범하게 흑3으로 단수를 두면 사는 수단을 잃고 만다. 주의하기 바란다.

문제도

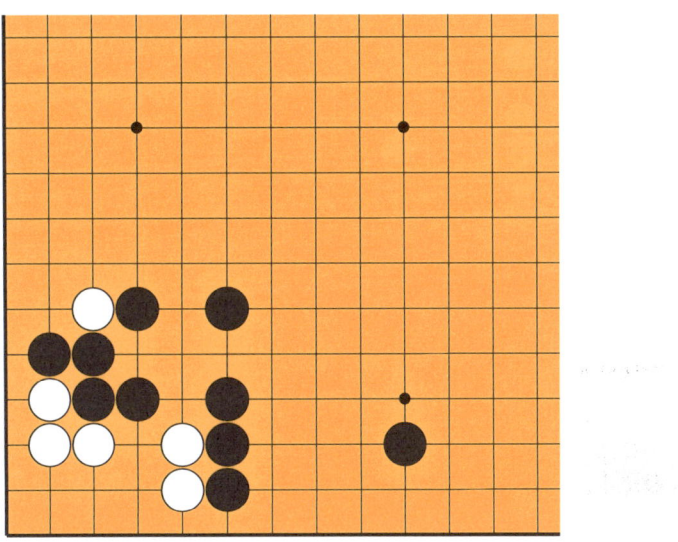

테스트 4 귀 ▶ 흑선

　귀에는 유형(類形)이 많이 생기므로 바르게 정리해 두는 게 중요
하다.
　흑의 공격과 백의 올바른 응수를 생각해 보기 바란다.

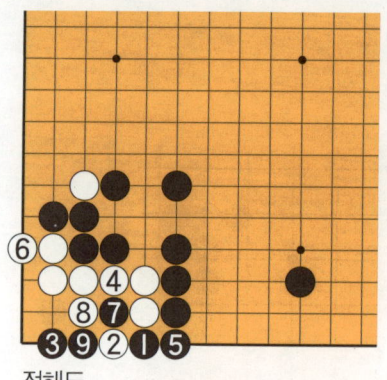

정해도

정해

▶ 흑1로 젖히고 백2로 막았을 때 흑3의 '치중'이 급소인 맥. 백4가 버티는 한 수로서 이하 9까지 패가 된다.

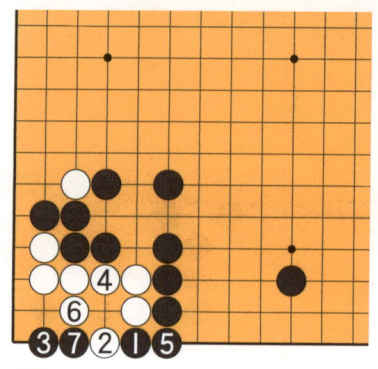

1도

1도 흑1 이하 5까지 되었을 때 백6으로 두어도 같은 패가 되는데, 앞 그림에 비해 백은 조금 불리한 모양이다.

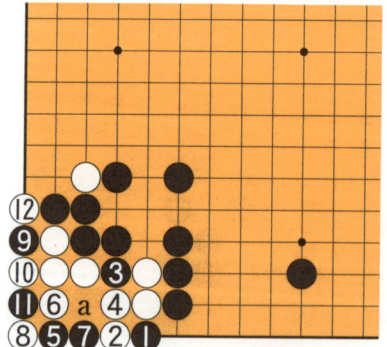

2도

2도 흑3으로 나온 뒤 5로 치중하는 사람이 많지만, 이는 백12로 따낸 다음 a의 '눌러잡기'가 되어 백 삶.

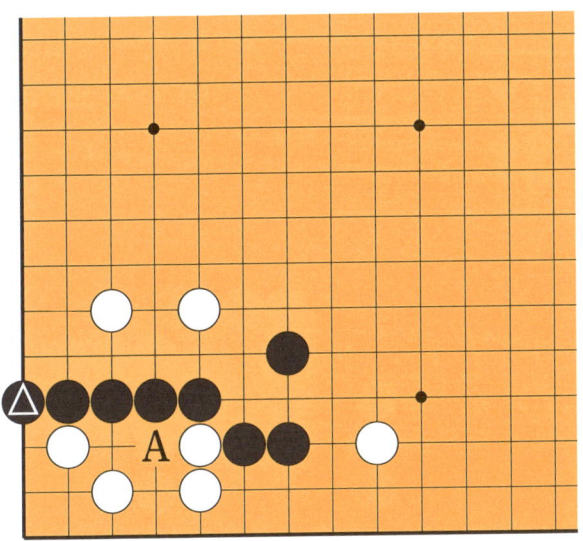

문제도

테스트 5   귀 ▶ 흑선

●의 내려섬이 있게 되면 귀의 백은 죽음이 된다. 따라서 ●에 대해서는 백A의 곳 '손질'이 필요하다.

흑의 공격법은?

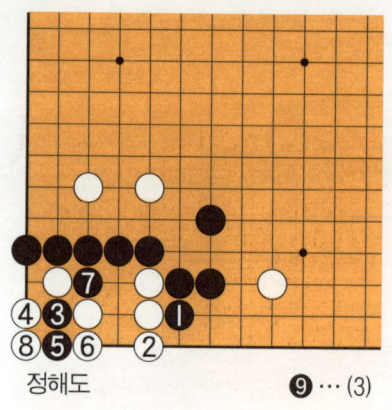

정해도　　　　　　　❾…(3)

정해

▶ 흑1로 막고 백2에 내려섰을 때 흑3의 껴붙임이 맥이다. 흑7의 끊음이 놓칠 수 없는 요소이며 9로써 눈을 빼앗는다.

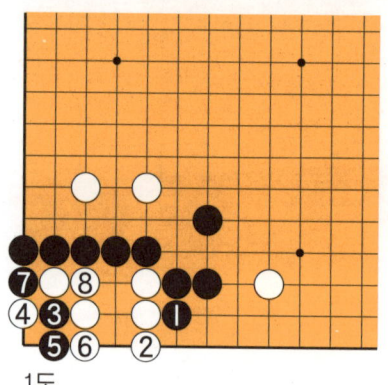

1도

1도　백6까지 되었을 때 흑7로 아래를 끊는 것은 경솔하며 죽은 돌에 활력을 준다. 깜빡하기 쉬우므로 요주의.

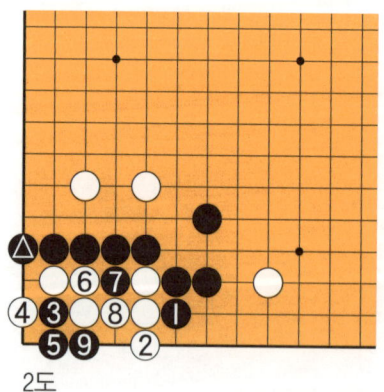

2도

2도　백6으로 이으면 흑7로 들어가고 나서 9로 꼬부려 '죽음의 4궁'이다. 그야말로 ▲는 내려섬의 위력이었다.

문제도

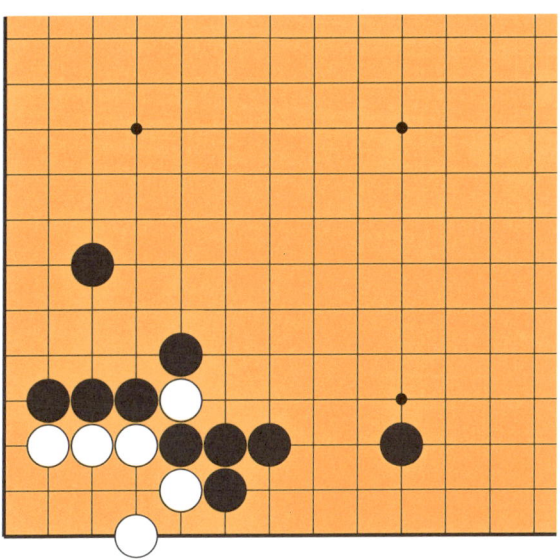

테스트 6   귀 ▶ 흑선

이런 모양은 실전에서 잘 생긴다. 사활의 기본형으로서 알아두는 게 초단으로 가는 통행증이다.

공격의 급소는?

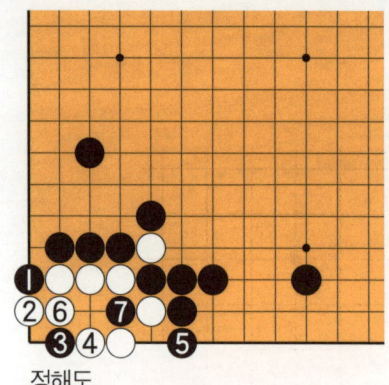

정해도

정해

▶ 흑1로 젖혀 두는 게 맥. 백2를 기다려 흑3이 눈모양의 급소이다.

흑5, 7의 수순으로 백의 죽음이 된다.

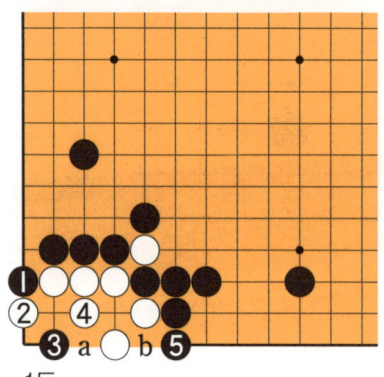

1도

1도 흑1, 3에 대해 백4로 눈을 가지면 흑5의 내려섬이 연관된 수단. a나 b의 곳은 맞보기로서 백의 죽음이다.

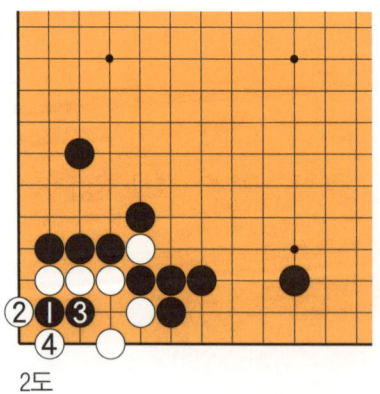

2도

2도 흑1의 붙임은 초보자가 잘 두는 수인데 백2, 4로 살아 버린다. 이런 좁은 곳에서도 간단히 생각하면 실패한다.

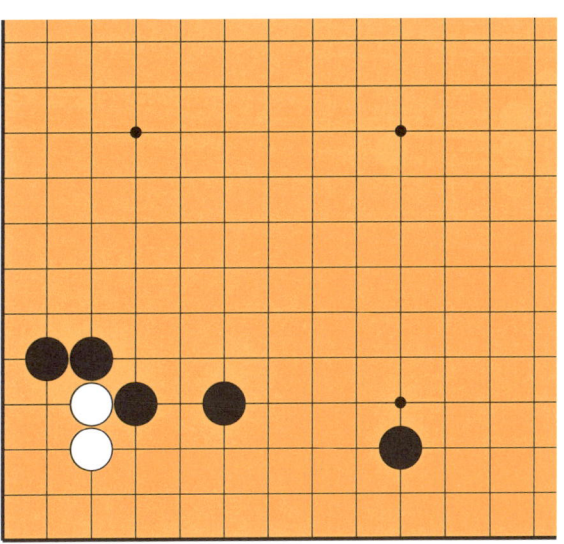

테스트 7   귀 ▶ 백선

실전에서 잘 생기는 화점의 기본형. 백이 사는 방법은 갖가지가 있
지만, 과연 어떻게 진행하는 게 가장 안전할까?

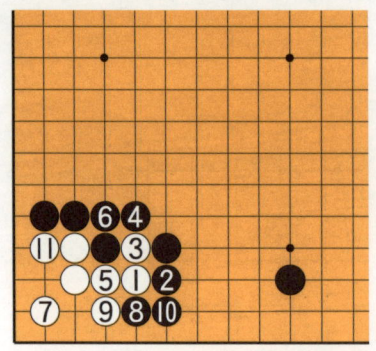

정해도

정해

▶ 백1에 뛰면 흑2의 막음부터 6까지 되는데, 이때 백7이 가장 안전한 모양. 백7로써 11은 흑7로 치중을 당해 귀찮아진다.

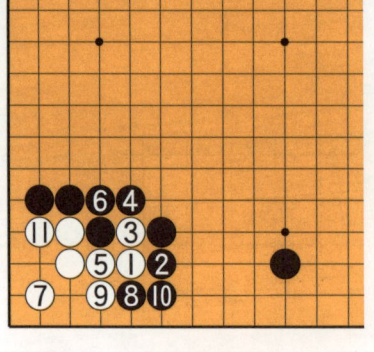

1도

1도 백1의 날일자도 잘 두어지는 모양. 흑2로 붙이면 백3으로 뻗고 흑4엔 백5부터 9까지도 사는 요령이다.

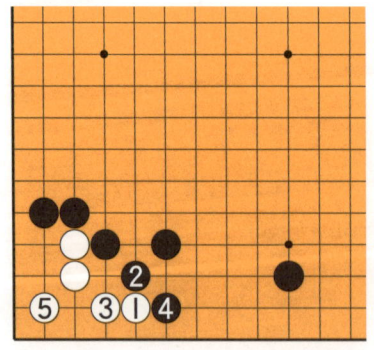

2도

2도 백1에 대해 흑2로 마늘모 붙임하는 수도 있다. 백은 3부터 5까지로 사는 모양인데, 역시 5의 곳이 급소

20

문제도

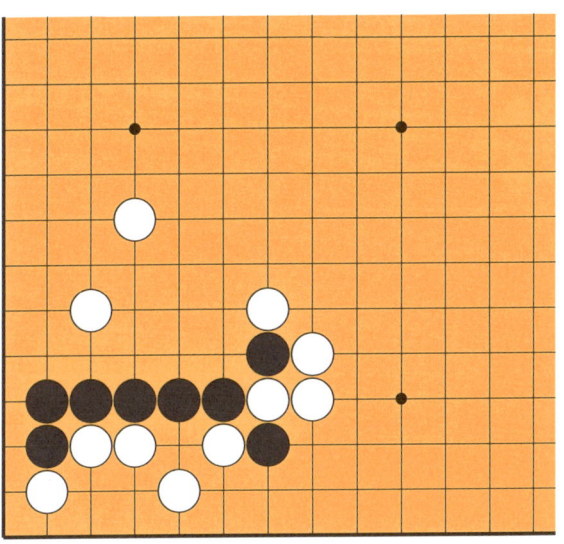

테스트 8   귀 ▶ 흑선

한 무리의 흑은 괴로운 모양을 하고 있으므로 어떻게 수습하는가
가 초점이다.

백의 흠집을 포착하는 맥이 있다. 과연 어디일까?

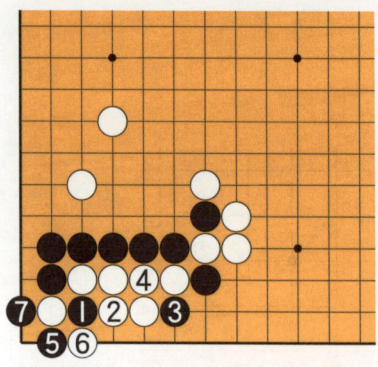

정해도

정해

▶ 백의 약점을 노리며 흑1로 끊는 게 맥. 백2와 교환한 다음 흑3으로 단수하는 수순이 좋고 결국 흑7까지로 패.

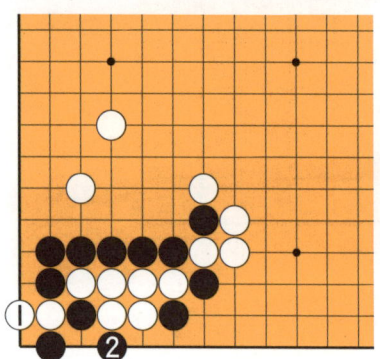

1도

1도 앞 그림의 흑5가 맥인 이유는 백이 1에 두면 흑2로 두어 이쪽에서도 패가 된다는 데 있다.

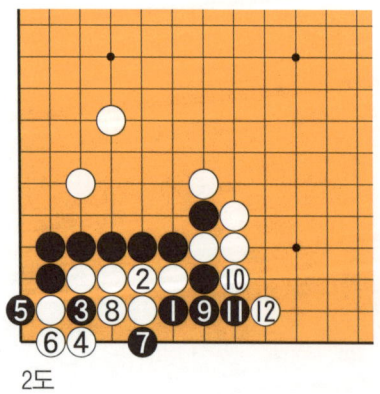

2도

2도 흑1로 단수를 먼저 하고서 3으로 끊으면, 백4의 아래로부터 두는 수가 성립되어 흑의 수상전 패배가 되므로 요주의.

문제도

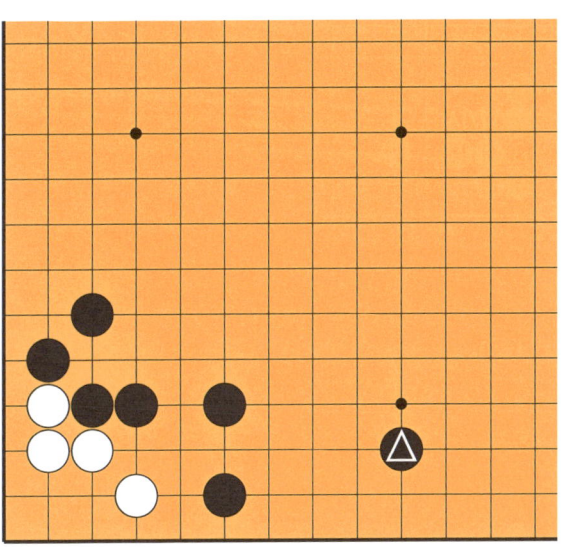

이와 같은 귀의 백은 보통 삶이라고 생각하기 십상이다.

여기선 멀리 있는 ▲를 활용하는데, 최강의 공격을 생각해 보기 바란다.

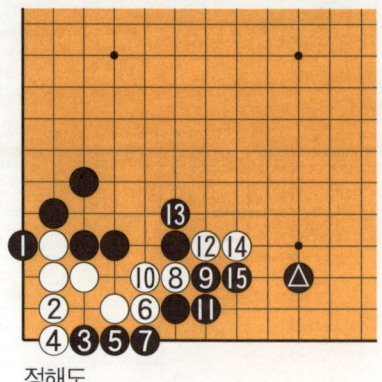

정해도

정해

▶ 흑1, 3이 공격의 맥. 백4 이하 밖에서 살길을 찾지만, △를 활용하는 흑15의 응수가 성립되어 백의 죽음이다.

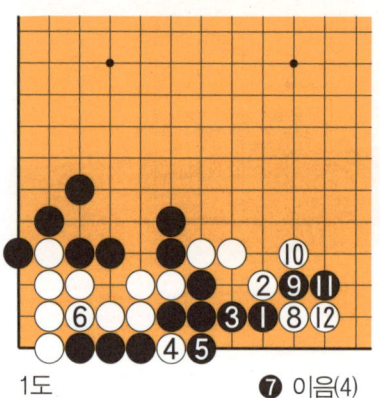

1도　　　　　❼ 이음(4)

1도 오른쪽에 흑의 수비가 없다면 앞 그림의 수순을 거친 뒤 백2 이하가 성립. 백4가 포인트로서 백12까지 되면 오히려 갇힌 흑이 살길이 없다.

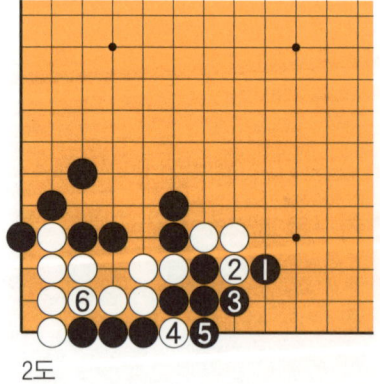

2도

2도 앞 그림의 변화로서 흑1의 뜀은 백2 이하의 몰아떨구기로 삶. 기본형의 상식으로서 기억해 주기 바란다.

문제도

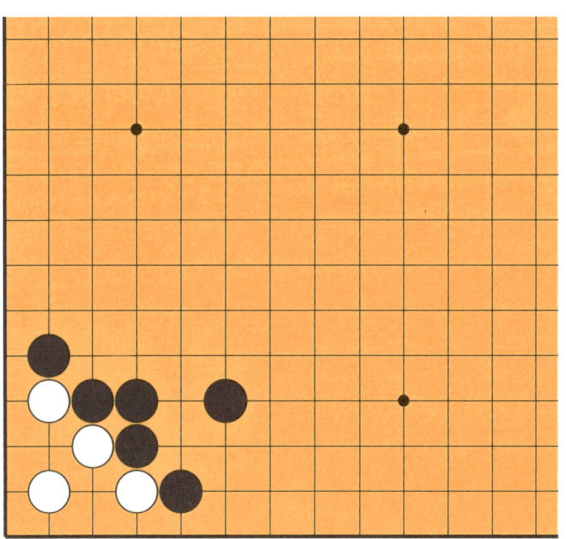

　실전에서 곧잘 생기는 모양이다.
　바깥쪽의 흑이 강해지면 백이 살지 못하는데, 여기선 과연 어떻게 공격해야 할까, 그리고 백의 응수는?

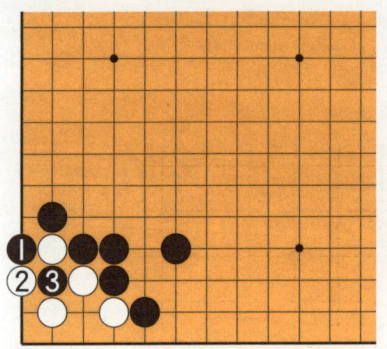

정해도

정해

▶ 흑1에 젖히고 백2로 받으면 흑3의 패이다. 이런 백모양은 '후수'로 살기보다, 흑1의 젖힘을 기다려 패로 버티는 것이 좋은 흐름이다.

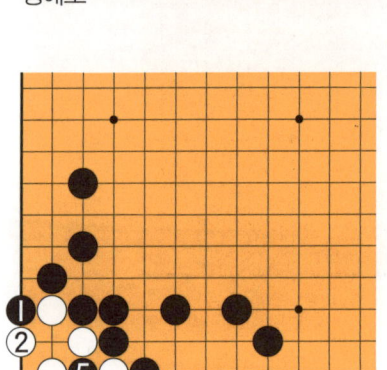

1도

1도 그림처럼 바깥쪽의 흑이 강하여 1, 3으로 양쪽에서 젖히고 나면, 이런 모양은 '양패'가 되어 백은 잡힌다. 앞 그림과의 차이에 주목.

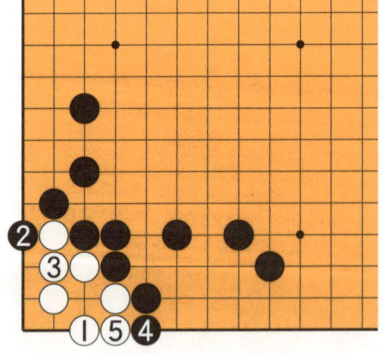

2도

2도 바깥쪽의 흑이 강하다면 후수라도 백1로 눈을 갖고서 살 정도이므로, 정해도와는 기본적으로 다르다.

문제도

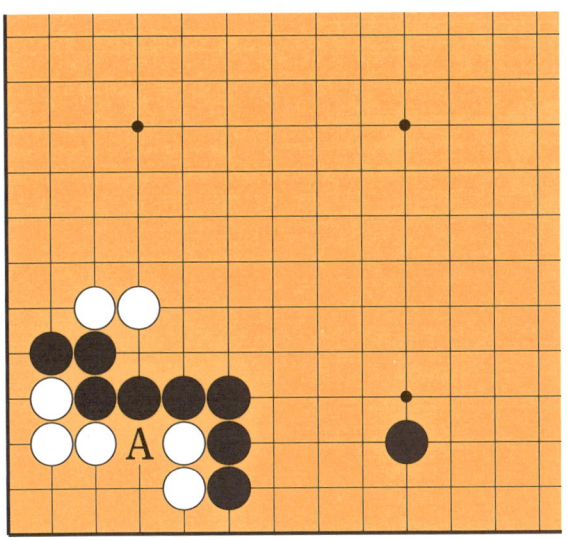

실전에서 흔히 생기는 모양인데, 이런 모양이 생겼다면 백A로 살아 놓지 않으면 안 된다.

흑은 어떻게 공격해야 할까?

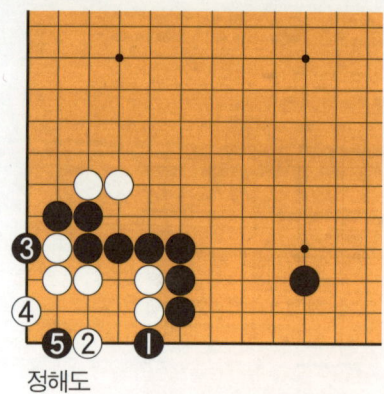
정해도

▶ 흑1의 젖힘이 공격의 정
맥. 백2로 받으면 흑3으로 젖
히고 백4라면 흑5로 치중하여
백의 죽음이다.

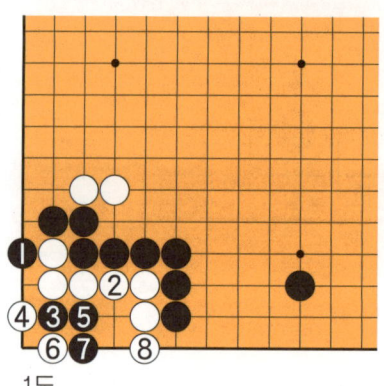
1도

1도 흑1쪽부터 젖히는 것
은 백2로 잇고 흑3으로 치중했
을 때, 백4부터 8까지로 만년
패가 되고 만다.

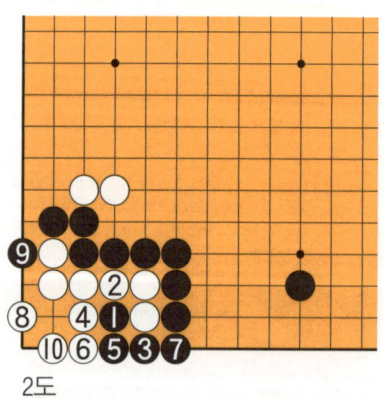
2도

2도 흑1로 두는 사람이 많
은데 이것은 백을 살려 주는
초보 하수의 속맥. 백2부터 10
까지 쉽게 살아 버린다.

문제도

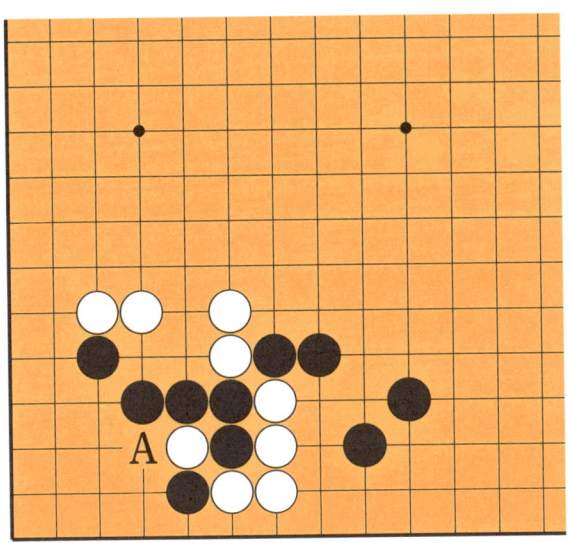

테스트 12   귀 ▶ 백선

백A로 달아나는 수가 성립하느냐 여부가 포인트이다.
자, 묘수를 발견해 보기 바란다.

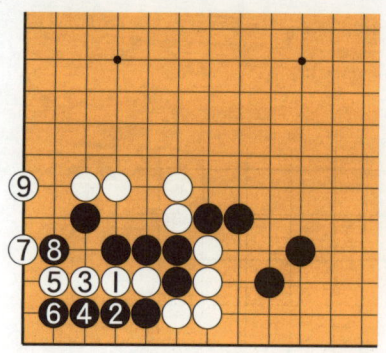

정해도

▶ 백1 이하 흑6까지는 필연
인데, 백7의 마늘모가 요점이
다. 흑8엔 백9가 묘수 연타로
흑의 괴멸.

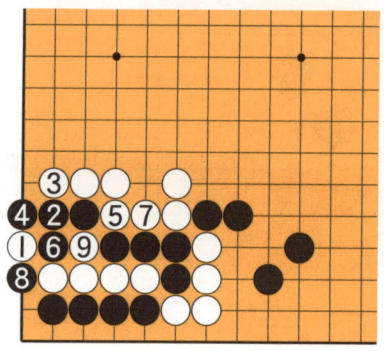

1도

1도 백1의 정맥에 대해 흑
2로 두면 백3 이하의 수순으로
9까지, 흑 넉 점을 잡아 백의
성공. 역시 백1이 돋보인다.

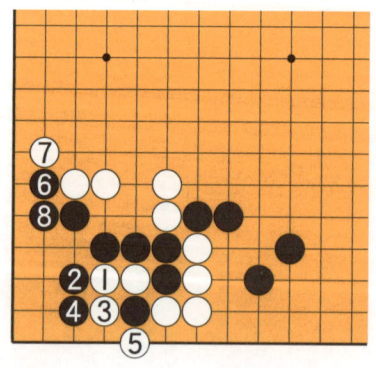

2도

2도 백1에 대해선 흑2 이
하 백을 살려 주고 자신도 흑
8까지로 사는 게 상식인데, 요
는 **정해도**의 수읽기가 사전에
필요하다.

문제도

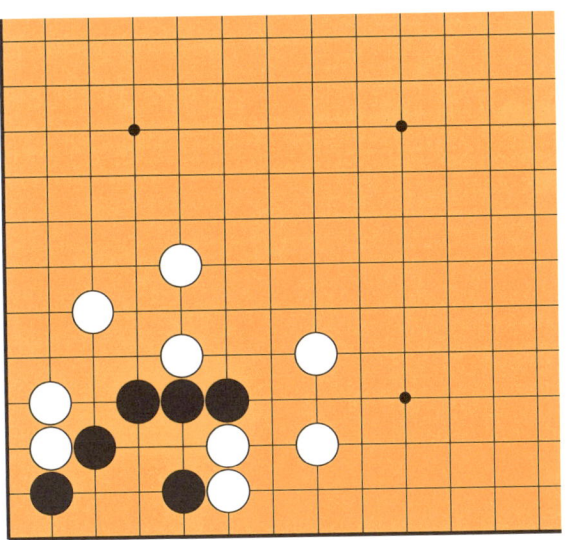

테스트 13   귀 ▶ 흑선

  흑의 모양은 불안스런 것 같지만 정맥의 활용으로 살아난다. 백의
'엷음'을 찌르는 맥이 포인트이다.

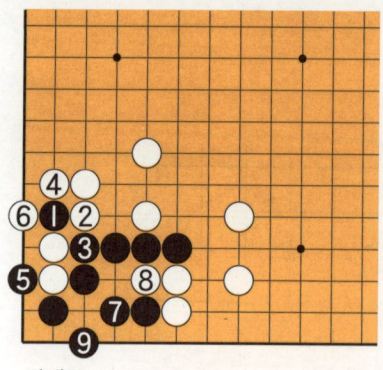

▶ 흑1의 '건너붙임'이 백의 약점을 찌르는 정맥. 흑5까지를 결정하고 나서 7이 눈을 갖는 급소. 다음엔 8과 9를 맞보기로 한다.

정해도

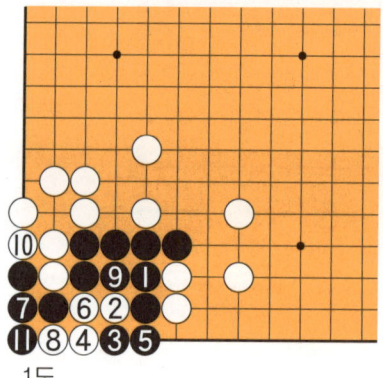

1도 앞 그림의 흑7로써 1에 두어 품을 넓혀도 좋은 것 같지만 백6, 8로 넉 점을 만들어 버리는 수단이 성립한다.

1도

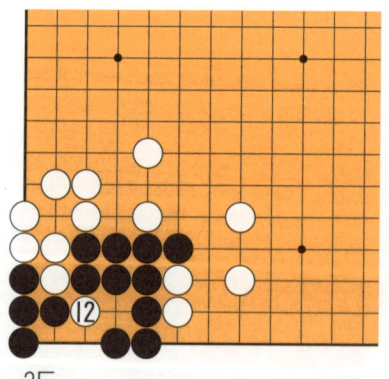

2도 앞 그림에서 흑이 넉 점을 잡은 다음, 계속해서 백12로 끊는 게 '후절수'라는 수단으로 흑의 전멸이다. 하수가 자칫하면 이럴 것 같으니 주의할 것.

2도

32

문제도

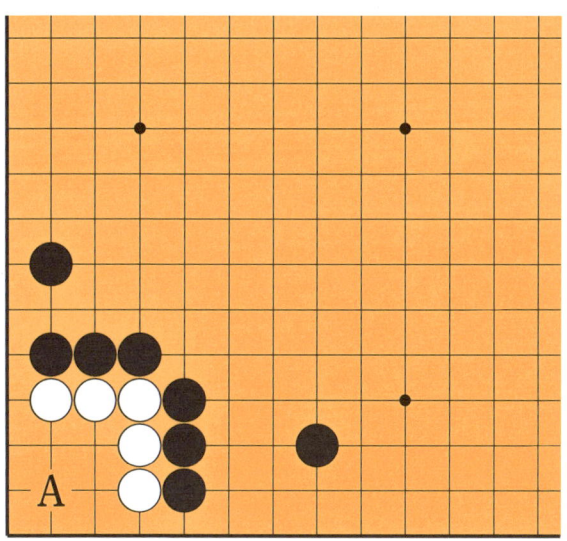

테스트 14 귀 ▶ 흑선

'됫박형'(됫박처럼 생긴 모양)의 기본형이다.

A의 곳이 급소가 되는데, 이런 모양은 최악의 경우라도 무조건 죽지는 않는다는 것을 기억하기 바란다.

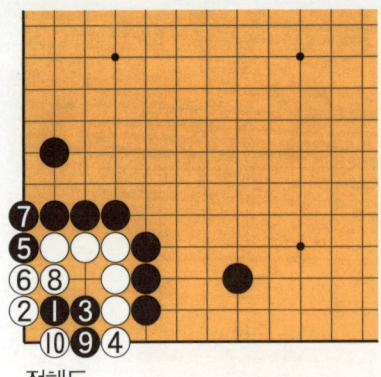

정해도

정해 1

▶ 흑1의 치중엔 백2의 붙임
이 정맥으로, 이하 백10까지의
패가 옳다. 흑9로써 10은 백9
에 두게 되어 빅이 된다.

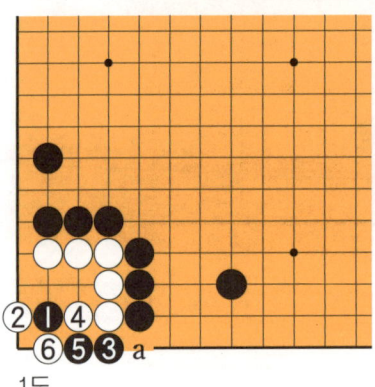

1도

1도 흑3으로 젖혀 주면 백
4로 꼬부리는 게 중요하며 백
6까지 패가 되는데, 흑은 패에
졌을 때 백a로 따내는 만큼 앞
그림보다 손해.

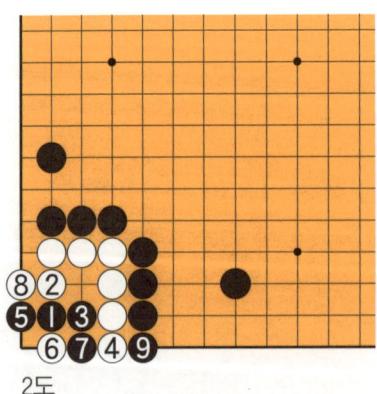

2도

2도 흑1에 백2는 악수. 흑
3 이하 9까지 되고 나면 백은
자충 모양이라서 움직일 수가
없다. 5의 곳이 급소임을 알 수
있다.

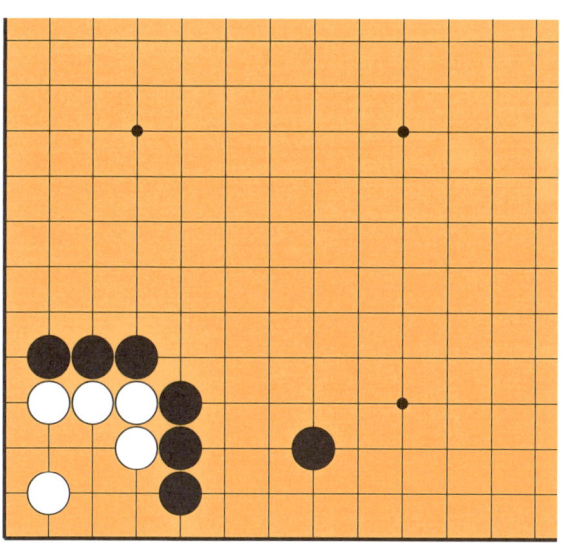

테스트 15 　귀 ▶ 흑선

돗박형과 비슷한 모양인데 실전에서 잘 생긴다. 세 수째가 포인트
인데 처음 접한 사람은 어려울 것이다.

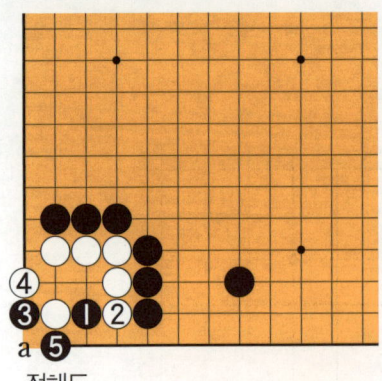

정해도

> 흑1은 당연하다 하고서 다음 3의 붙임이 포인트. 백4, 흑5로 버티고 난 다음 백a로 따내 패가 된다.

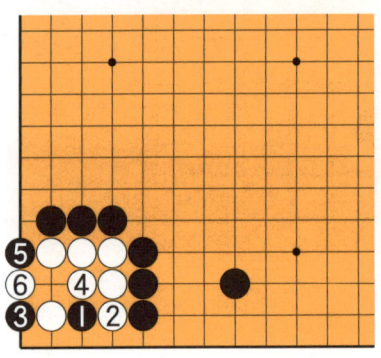

1도

1도 백2, 4로 변화해 오면 흑5, 백6의 패인데 아무튼 3의 정맥이 돋보이는 점에 주목해야 한다.

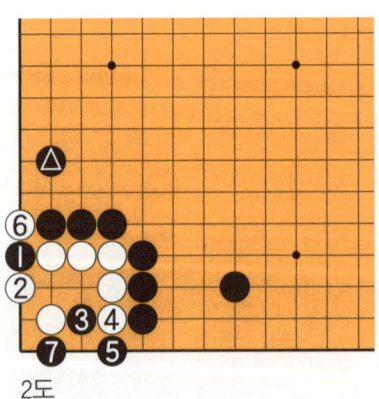

2도

2도 ●로 흑돌이 미리 놓여 있으면, 흑1의 젖힘에 의해 백이 죽게 된다. 백2일 때 흑3으로 백의 눈모양을 없앤다.

문제도

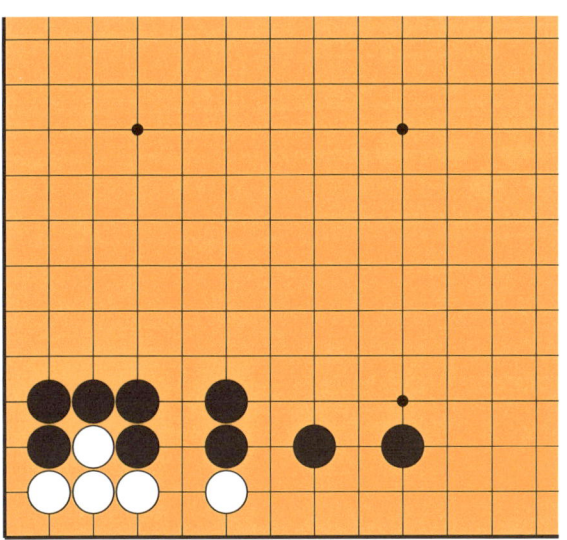

'제2선'은 '6사8생'(변의 제2선에선 연속된 돌이 6개면 죽고 8개면 산다는 원칙)이 기본이다. 그리고 제2선의 연속된 돌이 7개면 선수를 잡은 쪽이 사활에서 이기게 된다(6死7中8生).

백은 돌수 절대 부족이므로 조금 궁리가 요구되는데, 사는 맥은 어디일까?

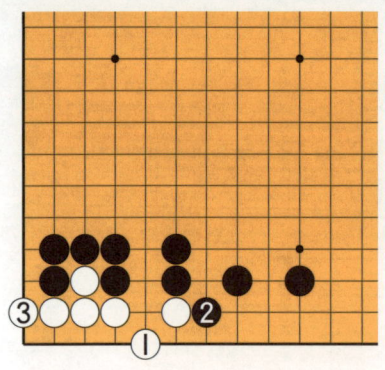

정해도

정해

▶ 백1의 마늘모가 삶의 정맥. 1은 다음에 백2로 뻗어 눈 하나를 갖는 수와, 백3에 두는 '직4궁'의 삶을 맞보기로 한다.

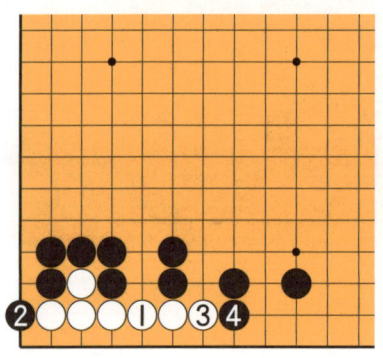

1도

1도 백1로 잇는다면 묘미가 사라진다. 흑2, 4로 된 모양은 이른바 '6사'. 역시 정해도의 맥이 돋보인다.

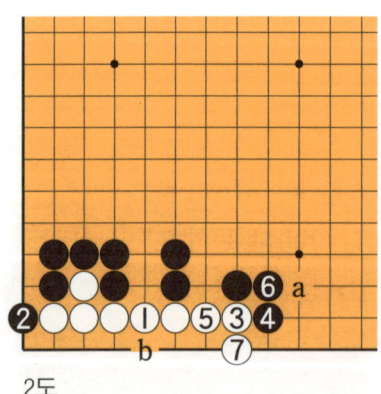

2도

2도 a의 곳에 흑돌이 없다면 백1, 3으로 두어도 삶이지만, 백1의 수는 역시 정해도와 마찬가지로 b의 마늘모가 정맥이다.

문제도

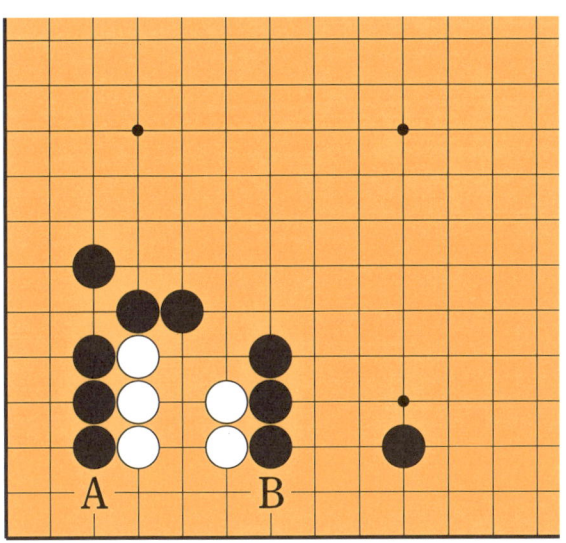

 백은 A의 곳이나 B의 곳으로 공간을 넓혀도 잘 되지 않는 모양이
란 점에 고민이 있다.
 눈모양을 만들 경우의 급소가 있다. 과연 어디일까?

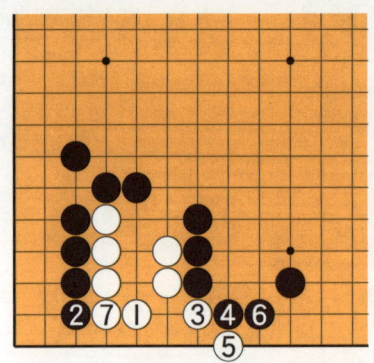

정해도

정해

▶ 백1이 눈모양을 만드는 급소. 흑2로 내려서면 백3에 젖힌 다음 7까지, 위아래에서 눈을 만든다.

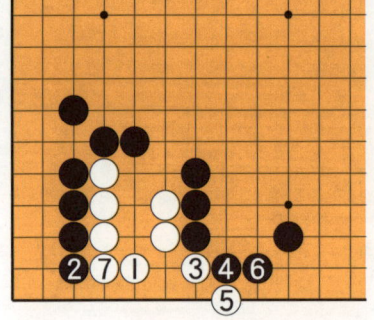

1도

1도 흑2쪽을 내려서면 백3 이하 7까지 눈을 갖는 요령. 백1은 좌우의 눈을 맞보기로 한 정맥인 셈이다.

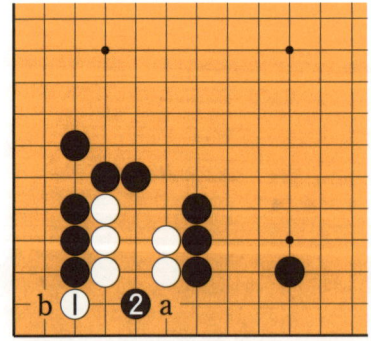

2도

2도 백1로 젖히는 것은 흑 2의 치중 한방으로 죽음이다. 다음에 a와 b가 맞보기로서 백은 두 눈이 생기지 않는다.

문제도

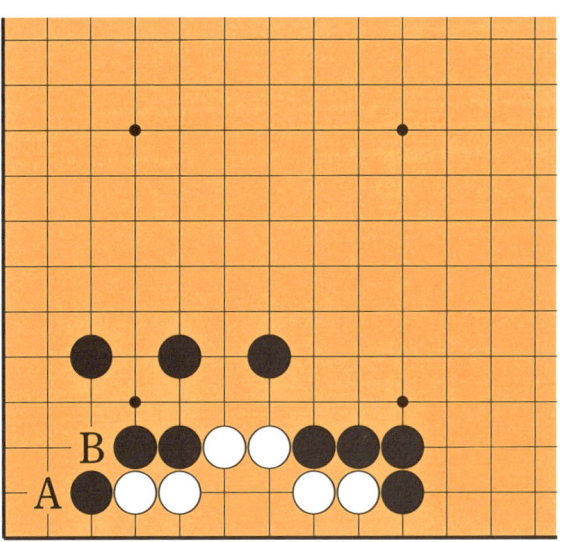

흑의 약점을 이용하여 사는 것인데 A와 B가 약점으로 되어 있다.
어려운 문제이지만 잘 궁리하여 풀어 보기 바란다.

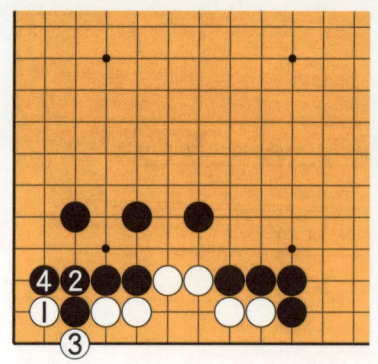

정해도

정해

▶ 백1의 껴붙임이 흑의 약점을 이용하여 사는 고급스런 맥. 흑2, 백3, 흑4는 당연. 계속해서….

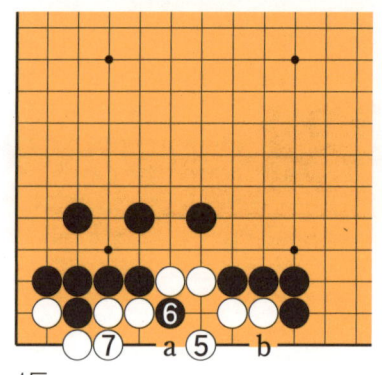

1도

1도 백5로 호구 이음하는 수가 중요하며 흑6엔 백7의 이음이 일련의 수순이다. 다음에 a와 b가 맞보기로서 멋지게 삶.

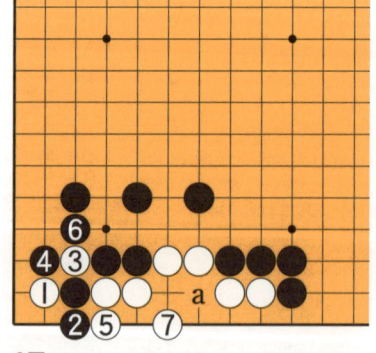

2도

2도 백1에 흑2로 내려서는 것은 백3 이하 7까지로서 시원스럽게 삶. 백1로써 7은 흑a로 끊어 죽음이 된다.

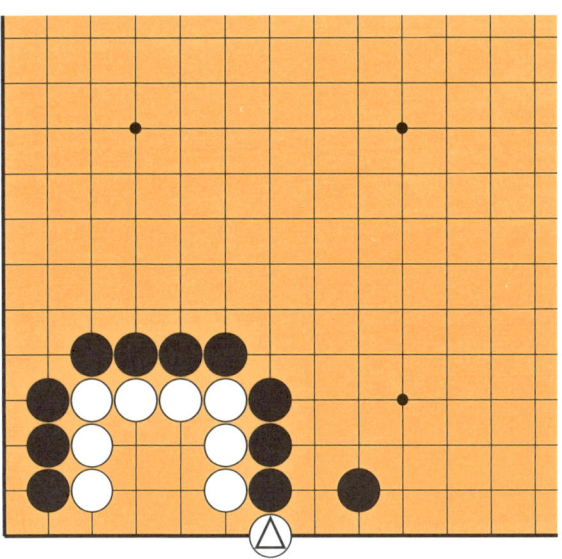

문제도

△로 젖힌 돌을 활용하여 사는 것인데 어떤 수단이 좋을까? 응용이 넓은 문제이다.

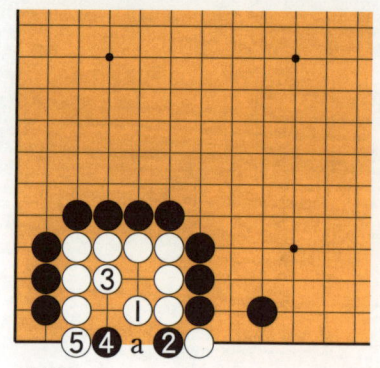

정해도

정해

▶ 백1로 눈을 만드는 게 좋은 수. 흑2엔 백3으로 눈을 갖는 것이 중요. 흑4의 공격엔 백5로써 흑a에 두는 수는 없다.

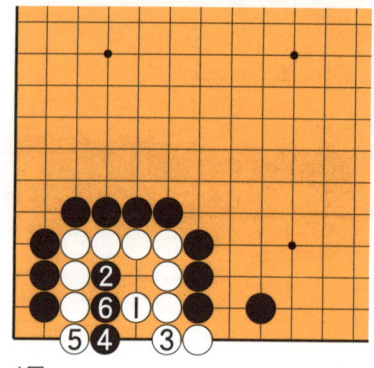

1도

1도 백1에 흑2로 치중해 오면 흑3의 이음이 호수이다. 흑4라면 백5, 흑6으로서 빅으로 살게 된다.

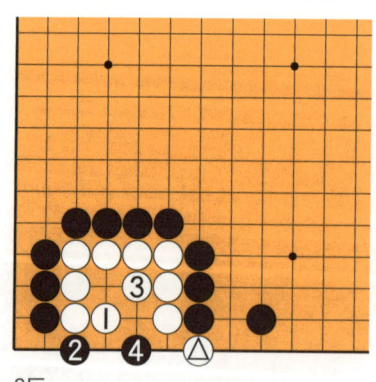

2도

2도 백1쪽을 두는 것은 △를 이용할 수가 없어 백의 죽음이 된다. 흑2의 젖힘이 좋으며 백3엔 흑4이다.

44

문제도

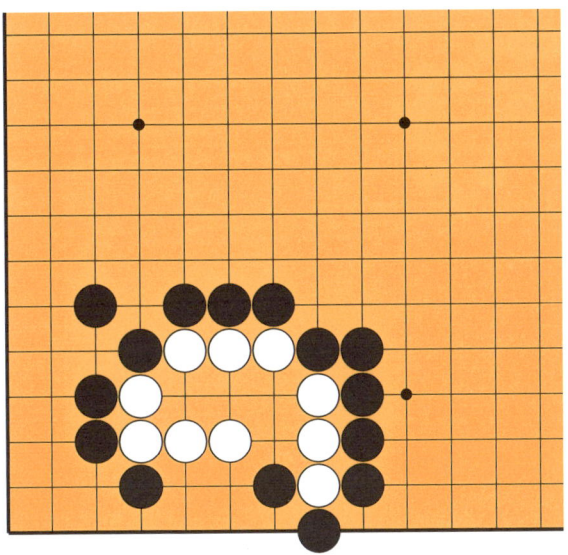

테스트 20   변 ▶ 백선

흑의 결점은 하변의 엷음에 있는 게 초점이다. 그럼, 어떠한 정맥
이 숨겨져 있는지 생각해 주기 바란다.

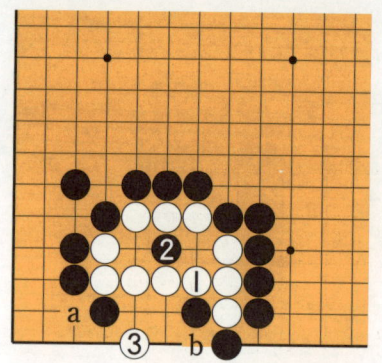

정해도

정해

▶ 백1, 흑2는 필연이다 치고, 다음 백3의 뜀이 멋진 맥이다. 백3은 a의 약점과 b의 잡기를 노리고 있다.

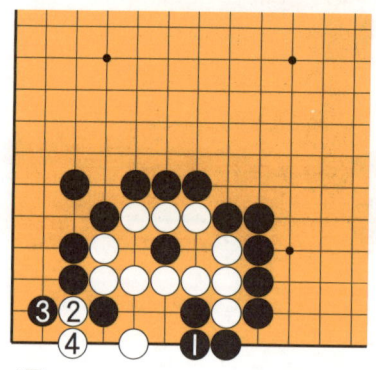

1도

1도 앞 그림의 다음 흑1의 이음이라면 백2의 끊음으로써 한 점을 잡는다. 백으로서 일련의 사는 방법은 훌륭하다 할 수밖에 없겠다.

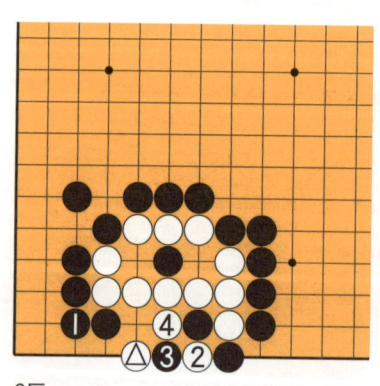

2도

2도 흑1쪽을 이으면 백2의 먹여치기로 이쪽의 한 점을 잡는다. 양쪽 노림수인 △의 맥에 주목하기 바란다.

46

문제도

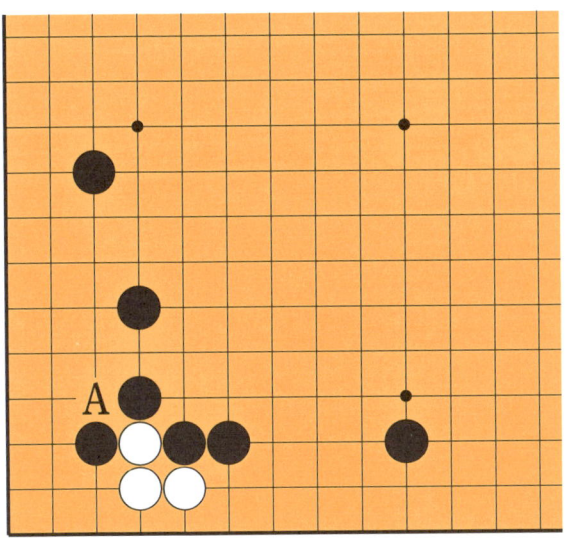

제2선으로 기는 돌은 귀에서라면 6개, 변에서라면 8개보다 모자라면 살지 못한다.

이런 백은 A의 약점을 이용하여 살 수 있을까?

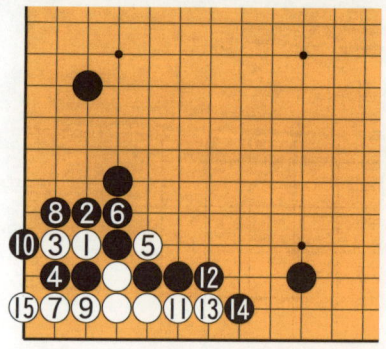

정해도

정해

▶ 백1, 3으로 두어 두 점을 버림돌로 하는 게 포인트. 백7, 9를 선수로 듣게 하여 삶이다.

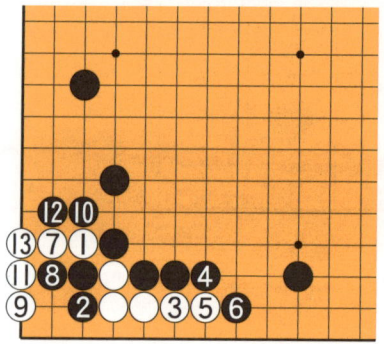

1도

1도 백1에 대해 흑2의 막음은 무리. 백9의 치중이 '2의 一'에 해당하는 맥으로서 백은 수상전에서 이기게 된다.

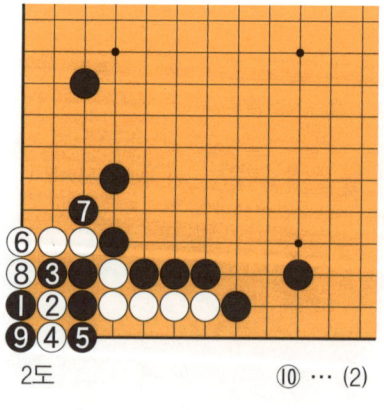

2도　　　　　　⑩ … (2)

2도 앞 그림의 흑8로써 1에 뛰는 것은 백2의 끼우기가 맥. 두 점을 버림돌로 하여 백 10까지 되면 수상전에서 백이 이기게 된다.

2

소목 주변 귀와
변의 기본 사활

문제도

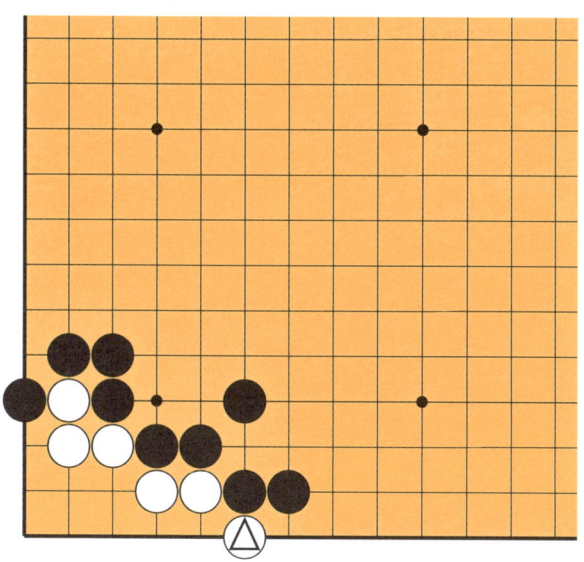

테스트 1 **귀** ▶ **백선**

△의 젖힘이 없다면 백은 무조건 살 수가 없다. 올바른 삶의 방식
을 생각해 보기 바란다.

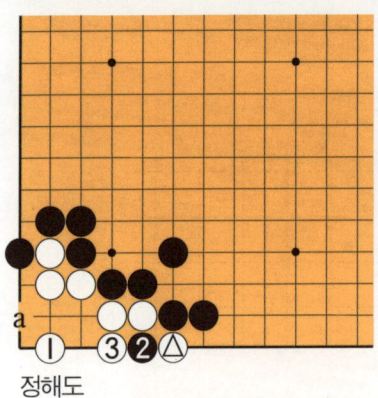

정해도

▶ 백1의 뜀이 △의 젖힘을 이용한 가장 득이 되는 삶의 방식. 백a로 두어도 살지만 흑2로서 손해이다.

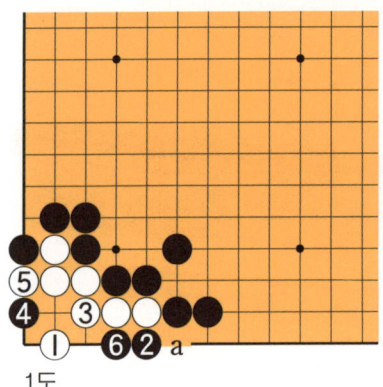

1도

1도 a의 곳에 백의 젖힘이 없다면 백1로 두었을 때 흑2로 젖혀서 죽게 되므로 주의하기 바란다.

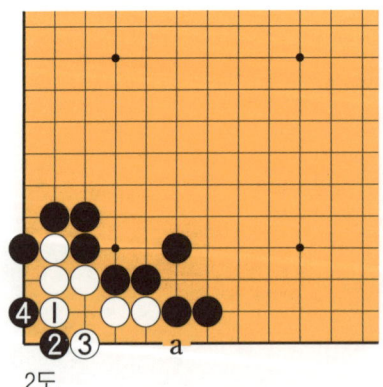

2도

2도 a의 곳에 백의 젖힘이 없을 경우는 백1로 두는 게 좋은 수로서, 그러면 흑2가 급소의 붙임. 이때 최선은 백3, 흑4의 패가 된다.

문제도

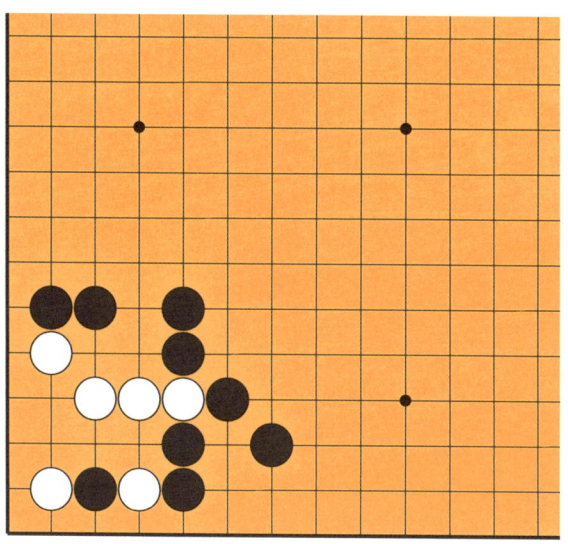

 이런 백은 살아 있는 것 같기도 하고 그렇지 않은 것처럼 보이기
도 하여, 쉽사리 처리하지는 못한다. 날카로운 공격을 발견해 주기
바란다.

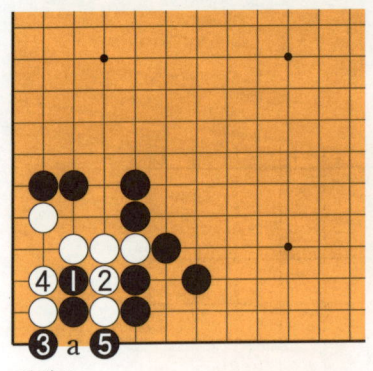

정해도

► 흑1, 3이 포인트로서 공격의 맥이다. 흑5 다음 백a는 흑이 되따냄으로써 그만. 흑1로써 3의 젖힘은 백1, 흑5로 패가 나므로 흑의 실패.

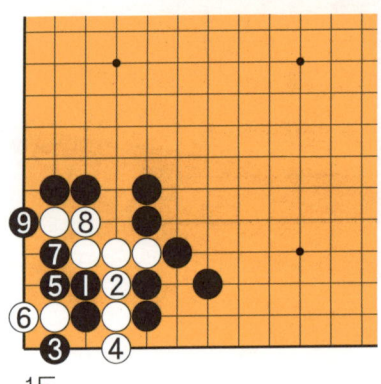

1도

1도 흑1, 3에 대해 백4로 건너감을 막는 것은 흑5 이하 9로 연결하여 백의 죽음이다. 정해도의 공격은 실전에서도 발생하는 타입.

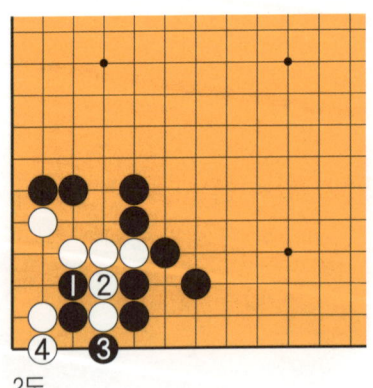

2도

2도 단순히 흑1, 3으로 건너가는 것은 백4로 급소를 차지하여 살게 된다. 4의 곳이 공방의 요점임을 알 수 있겠다.

54

문제도

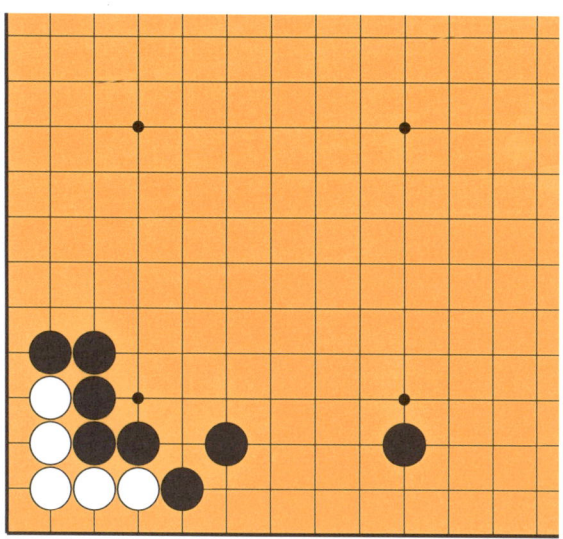

귀에는 비슷한 모양이 생기므로 정리해 두지 않는다면 실패한다.
제1감의 정맥은 어디일까?

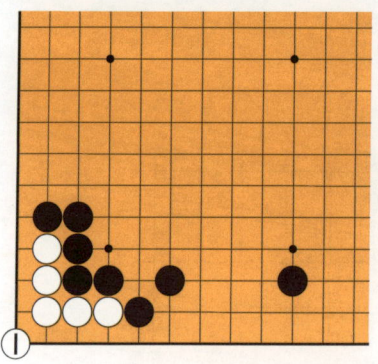

정해도

정해

▶ 격언으로 '좌우동형은 중앙에 수가 있다' 했는데 백1의 정맥이 그것에 해당한다. 멋진 맥이 아닐까?

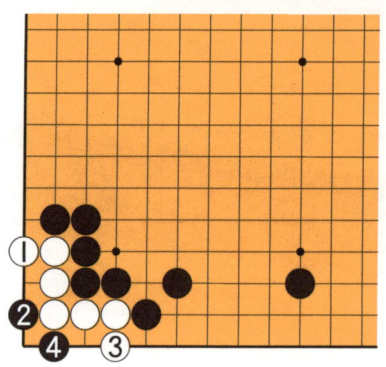

1도

1도 백1로 넓히는 사람이 많지만 흑2, 4로 치중하면 죽음이다. 죽음의 '귀곡사'라는 모양인 사활의 기본형.

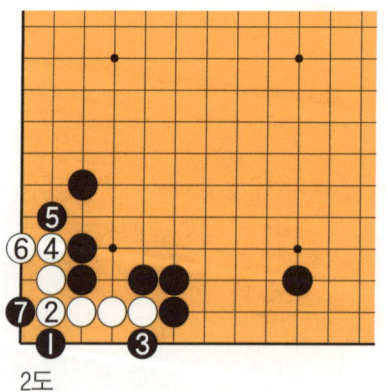

2도

2도 [문제도]와 비슷한 유형인데, 여기선 흑1의 정맥에 의해 백의 눈을 없앤다. 흑7까지는 역시 귀곡사인 죽음의 모양이다.

56

문제도

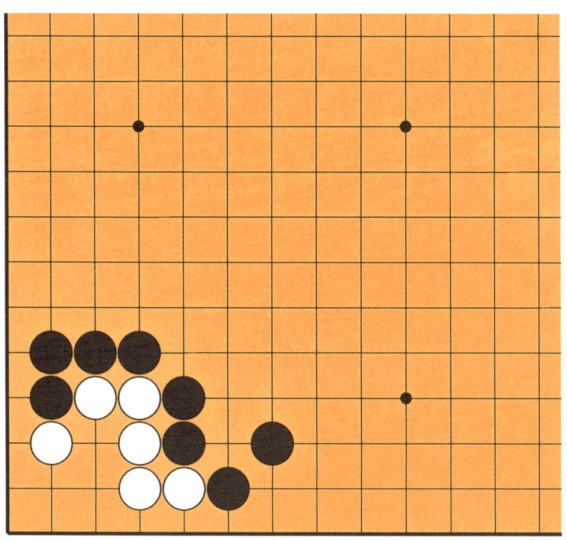

테스트 4　귀 ▶ 흑선

　이런 모양은 언뜻 보아 안에서 수를 내는 감각이 떠올라야 한다.
제1감으로서 공격의 급소를 포착해 주기 바란다.

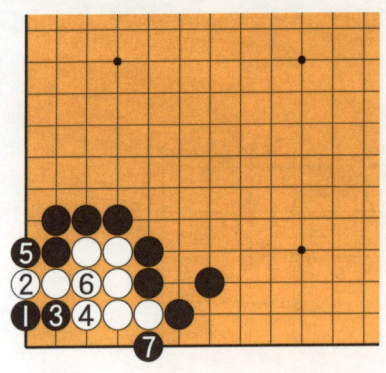

정해도

정해

▶ 흑1이 '2의 一'의 급소이다. 백2를 기다려 흑3 이하 7까지, 앗 하는 사이에 백의 눈을 빼앗는다.

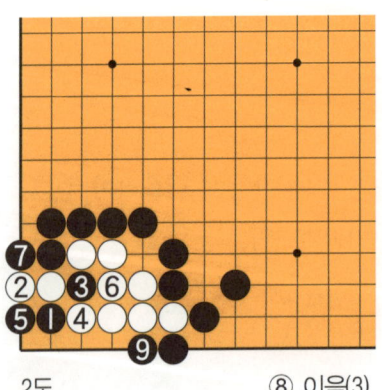

1도

1도 흑1의 껴붙임도 맥으로 보이긴 한다. 그러나 이 경우는 백2, 4의 버티기가 있어 패가 되고 만다.

2도

⑧ 이음(3)

2도 비슷한 유형이지만, 이럴 경우는 흑1의 껴붙임이 맥이다. 흑9까지 백의 죽음. 흑1로써 5는 백1, 흑2, 백9로 알기 쉽게 삶이다.

문제도

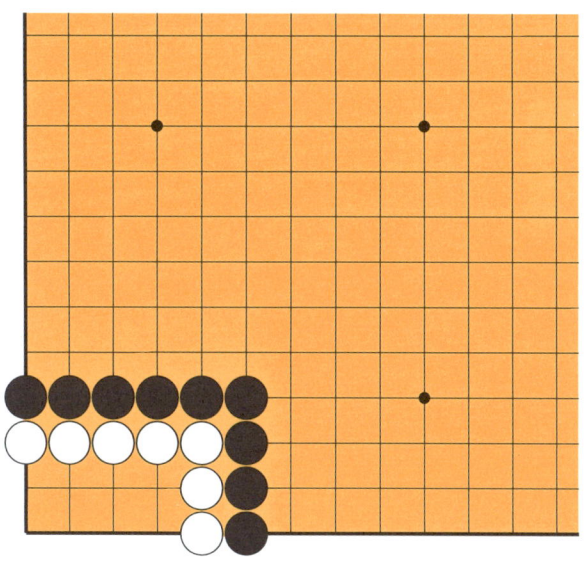

　귀의 백집이 8집이나 되어 완벽해 보인다. 그러나 이런 모양에도 귀의 특수성으로 인해 약점이 있는 법이다.

　과연 어떤 수단이 있을까?

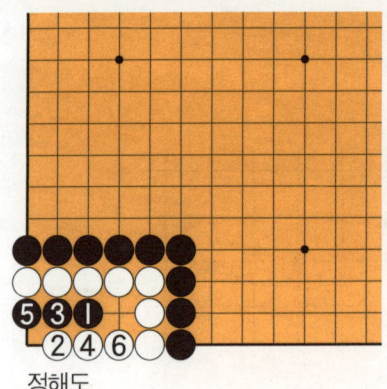

정해도

▶ 흑1의 붙임이 공격의 급소라면 백2의 뜀이 방어의 모양. 흑3엔 백4로 응수하여 빅이 된다.

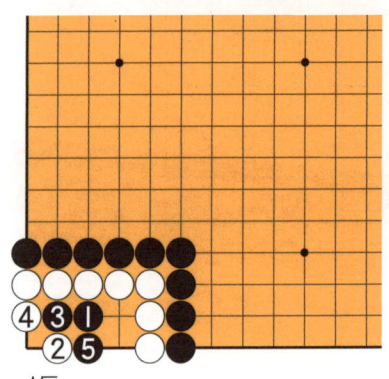

1도

1도 깜빡하는 것은 백4의 받음인데, 그러면 흑5까지 되어 이른바 만년패의 모양이 된다. 당연히 백이 불리한 결과이다.

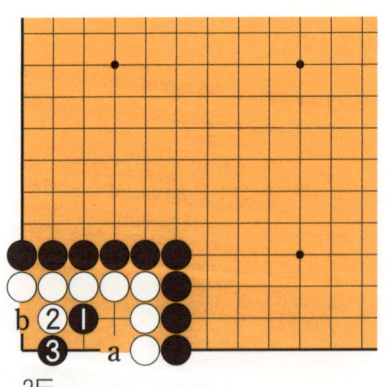

2도

2도 흑1에 백2로 응수하는 것도 '속맥'이다. 흑3의 젖힘이 정맥이며 차후에 흑a, b로 두면 패가 되므로 역시 백이 불리하다.

문제도

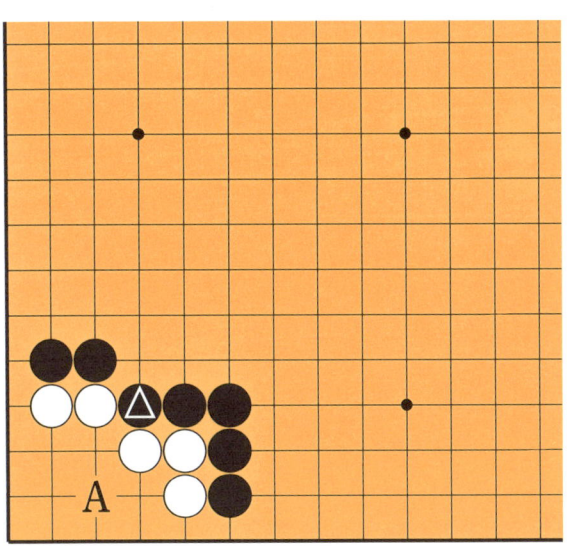

⬤가 모양의 급소에 있으므로 백A로 살아 두어야 한다. 흑의 공격
방법을 묻는다.

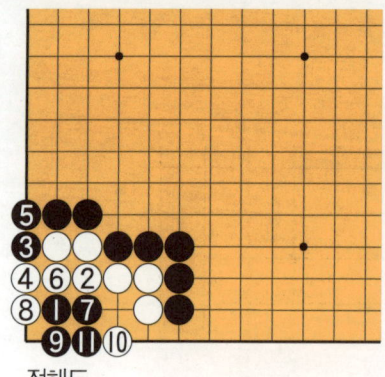

정해도

정해

▶ 흑1로 들여다보는 게 모양의 약점을 노리는 맥. 백2의 받음을 기다려 흑3 이하 11까지 '죽음의 5궁'으로 이끄는 게 포인트.

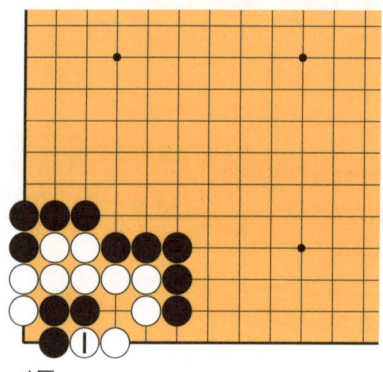

1도

1도 앞 그림의 흑11이 긴요한 수로서 이를 손뺌하면 백1로 빅이 된다. 사활에서 늘 나타나는 급소이다.

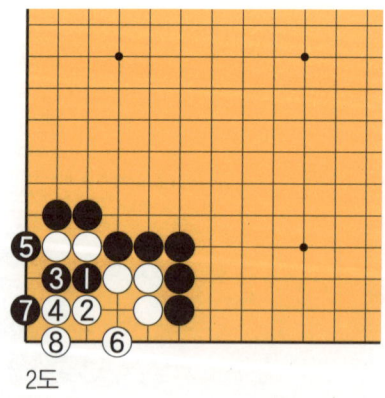

2도

2도 단순하게 흑1로 끊으면 백2 이하 8까지 되어 반쯤 산다. 또한 흑1로써 5에 젖히는 것은 백4로 받아 최소한 패는 난다.

문제도

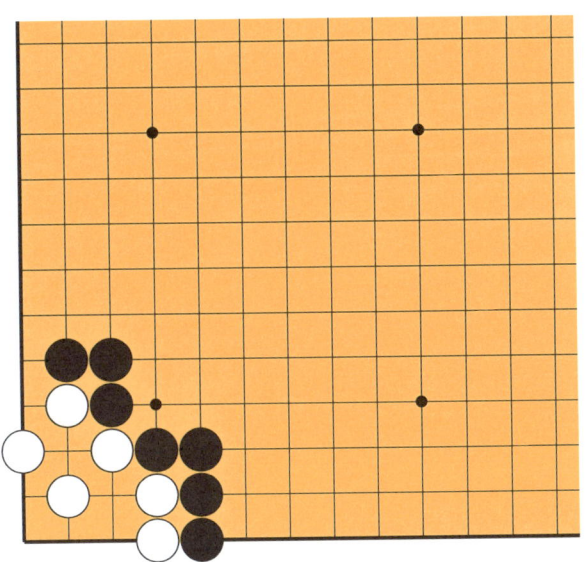

테스트 7 　귀 ▶ 흑선

실전이라면 이대로 삶으로서 처리할지도 모르겠다. 자세히 살펴 보면 흑으로부터 교묘한 수단이 있다.

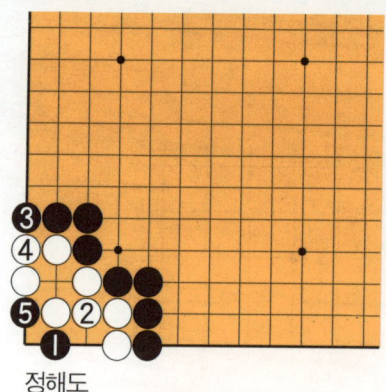

정해도

▶ 흑1의 붙임은 응용이 넓은 맥. 백2와 교환하고 나서 흑3이 수순. 백4일 때 흑5로써 교묘한 패.

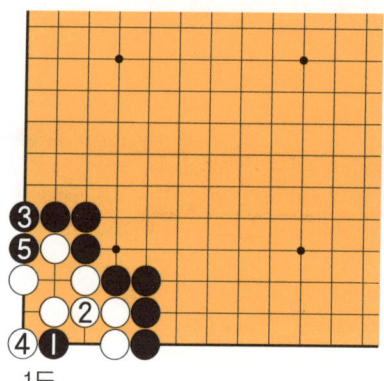

1도

1도 흑1, 3에 대해 백4로 눌러잡기의 맥을 노려도 흑5로써 패. 백의 자충을 찌르는 수단이다.

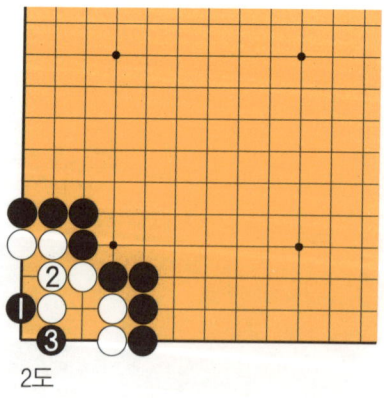

2도

2도 [문제도]의 유형인데 역시 흑1, 3의 맥으로 이 백은 죽음이 된다. 실전에서도 생기므로 기억해 두기 바란다.

문제도

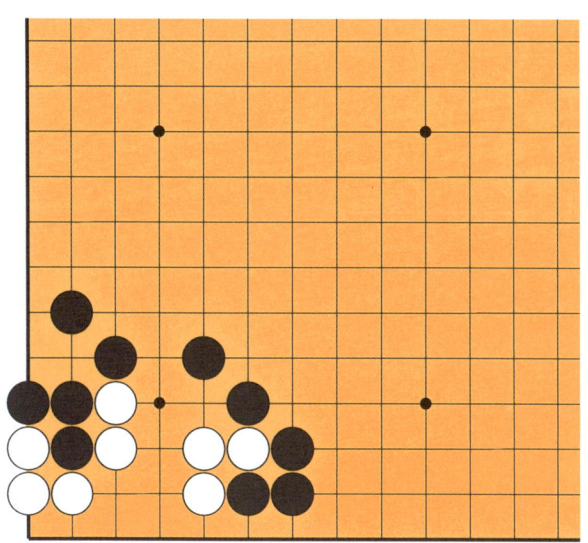

테스트 8　귀 ▶ 흑선

　평범한 공격의 맥으로선 잘 되지 않는다. 자충으로 이끄는 게 요령인데 재미있는 수단이 생긴다.

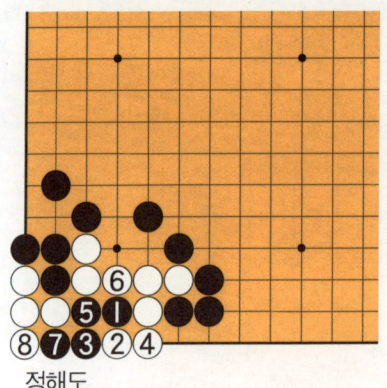

정해도

정해

▶ 흑1의 붙임부터 자충으로 이끄는 게 요점이다. 백2엔 흑3부터 7까지 넉 점으로 키워서 버리는 게 결정적 수단.

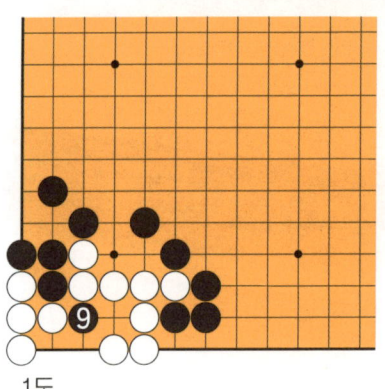

1도

1도 계속해서 백이 흑 넉 점을 따낸 곳에 흑9로 끊는다. 이런 '후절수'의 맥은 실전에서 생겨도 깜빡하여 못보는 일이 있다.

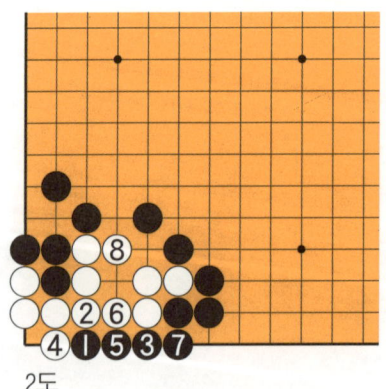

2도

2도 흑1의 치중은 급소의 맥으로 보이지만, 이 경우는 백 2 이하의 삶이 있어 실패이다.

문제도

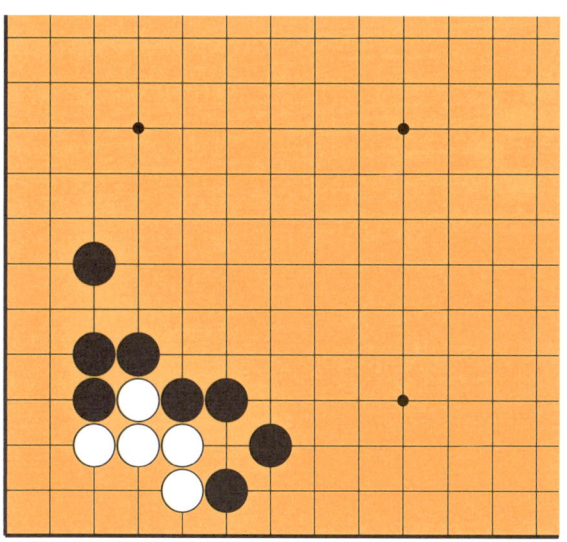

실전에서 흔히 생기는 응용 범위가 넓은 문제이다. 귀의 백을 어떻게 공격할까? 강경 수단을 생각해 주기 바란다.

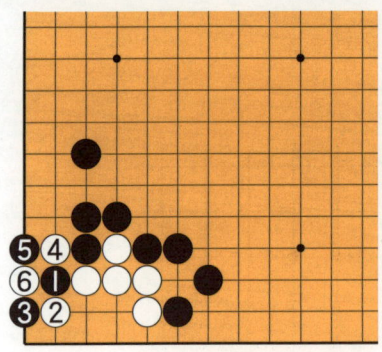

정해도

▶ 흑1, 3의 '2단젖힘'이 요점
인 맥이다. 백4의 끊음에는 흑
5의 패를 거는 건데, 이런 모
양에서는 항상 생기는 노림수
이다.

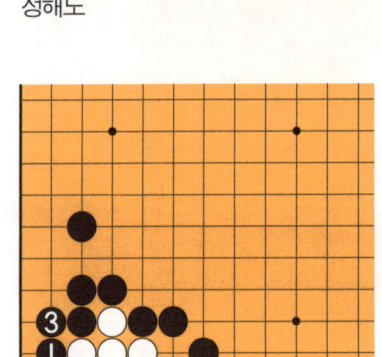

1도

1도 쉽게 흑1, 3으로 결정
해 버리는 사람이 많지는 않을
까? **정해도**는 백에게 있어서
큰 위협이다.

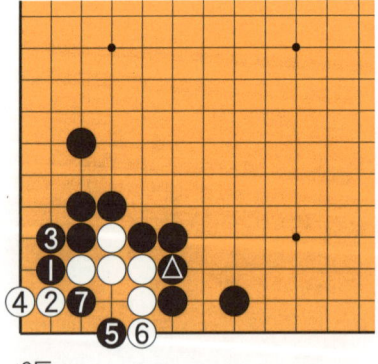

2도

2도 ●의 공배가 메워져 있
을 경우는 흑1, 3의 젖혀이음
으로 백의 죽음. 즉 흑5의 치
중이 맥으로 다음 7이 성립하
는 것이다.

68

문제도

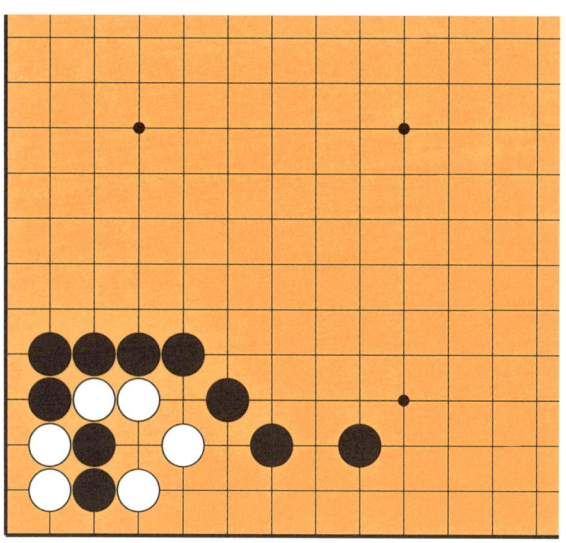

평범한 착상으로 공격하면 잘 되지 않는다. 비약적인 정맥의 날카로움으로 수를 만들어 보기 바란다.

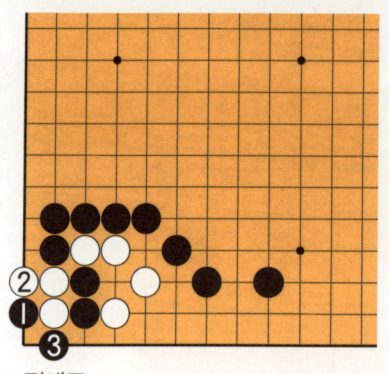

정해도

정해

▶ 흑1의 붙임이 묘한 정맥. 백2로 가로막을 수밖에 없는데 흑3으로써 멋진 패가 된다.

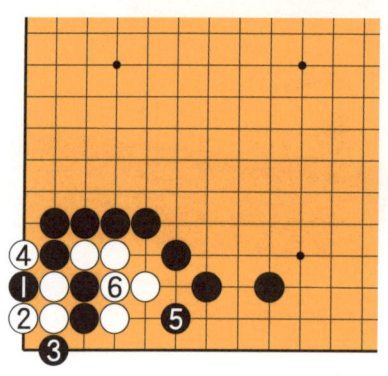

1도

1도 흑1의 평범한 젖힘은 백2에 받아 자연스런 삶. 흑5의 마늘모엔 백6으로 해결한다. 정답과의 차이는 크다.

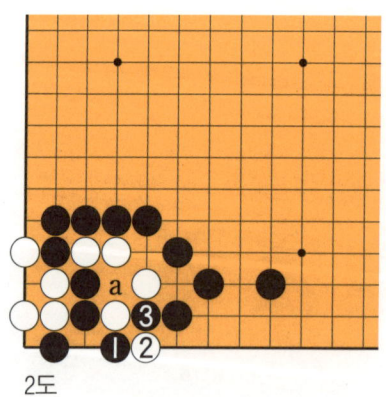

2도

2도 앞 그림의 백6을 손뺌하면 흑1, 3의 패가 발생한다. 백2로써 a는 흑2로써 그냥 죽음이 되므로 주의.

문제도

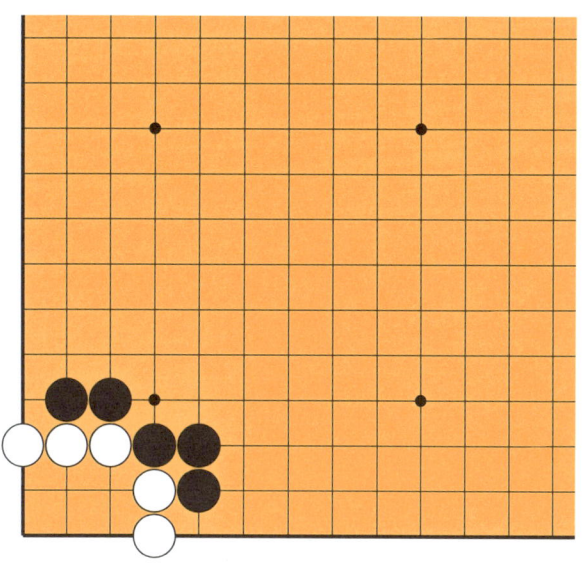

테스트 11 귀 ▶ 흑선

이미 귀의 유형으로서 알고 있으리라 생각되지만, 제1감으로 급소를 발견해 주기 바란다. 백의 공배가 두 개 있는 게 포인트.

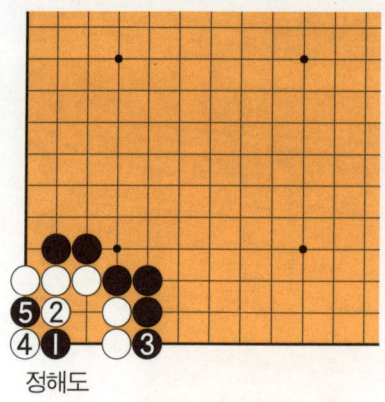

정해도

▶ 모양의 급소는 흑1의 치중. 백2로 받았을 때 흑3의 막음이 포인트. 다음 백4, 흑5로 패이다.

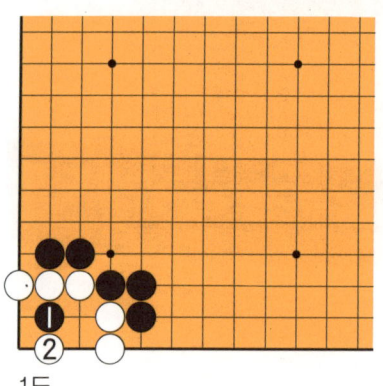

1도

1도 흑1로 배에 붙이는 것은 백2로 받는 호수로써 살아버린다. 바깥 공배가 두 개 있는 것이 구원의 손길이다.

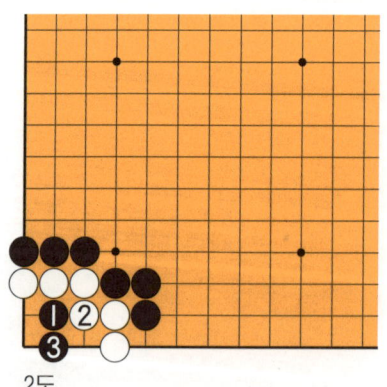

2도

2도 바깥 공배가 하나인 경우는 흑1의 붙임이 급소로, 백2엔 흑3으로써 백의 죽음. 단순히 흑3에 두면 백1로써 [문제도]와 마찬가지로 패.

문제도

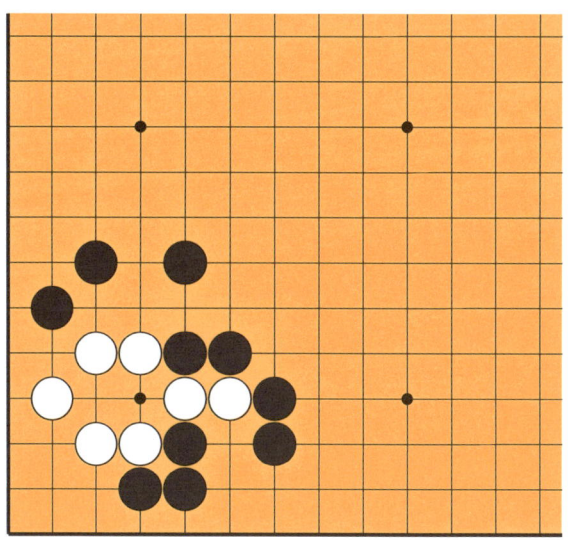

백은 어딘지 불안한 모양을 하고 있지만 교묘한 정맥에 의해 살 수가 있다. 유연한 발상이 중요하다.

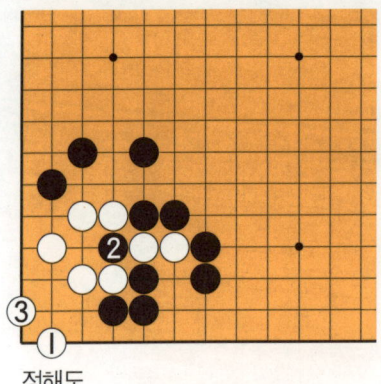

정해도

정해

▶ 백1의 뜀이 절묘한 맥. 흑 2일 때 백3의 연이은 맥으로 시원스레 산다. 과연 맥의 조합이라 할 수 있다.

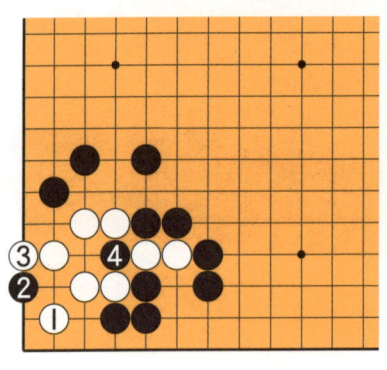

1도

1도 평범한 백1의 마늘모는 흑2로 급소의 치중부터 4의 눈을 빼앗는 먹여침이 수순이며 백의 죽음. 자칫 흑2로써 4에 먼저 두면 백2로써 삶.

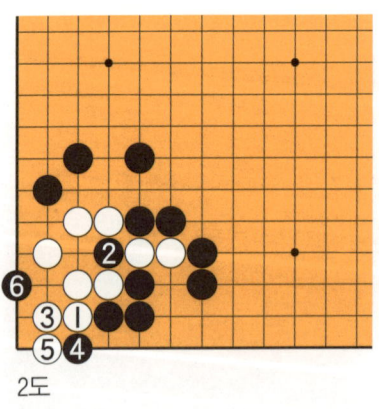

2도

2도 백1의 막음도 흑2로 먹여쳐서 살지 못한다. 정해도와 같은 정맥의 묘미를 맛보기 바란다.

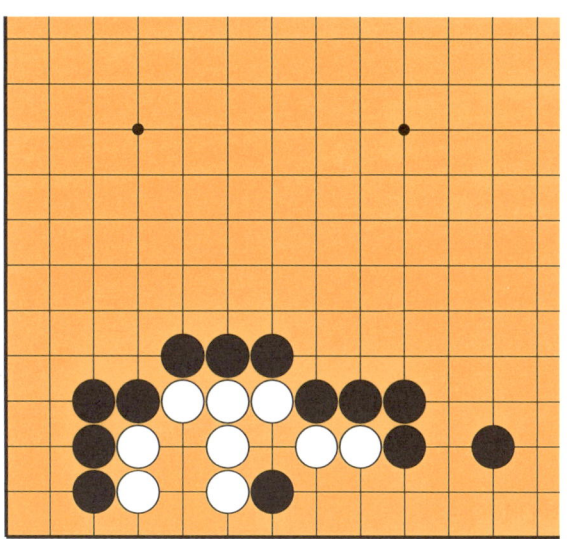

테스트 13   변 ▶ 흑선

흑 한 점을 잘 살려낼 수 있느냐의 여부가 초점이다. 평범하게 생각해서는 성공의 가망이 없다. 멋진 정맥의 진수를 발견하기 바란다.

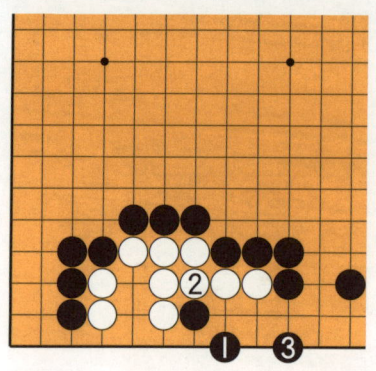

정해도

▶ 흑1의 마늘모가 맥의 제 1탄, 계속되는 흑3의 한 칸 뜀 이 제2탄으로 백의 죽음이다.

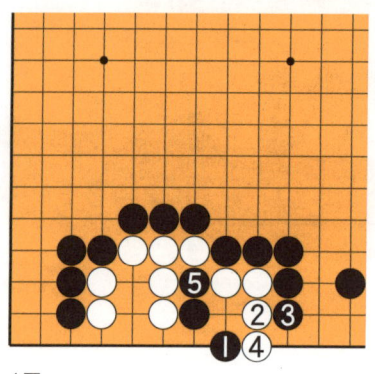

1도

1도 흑1에 대해 백2라면 흑 3부터 5로 끊는 수단이 성립되 어, 수상전에서 흑승이 된다.

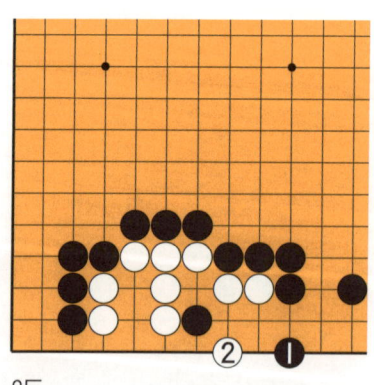

2도

2도 단순히 흑1로 뛰는 것 은 부족. 백2의 뜀이 급소로서 삶이 된다.

76

문제도

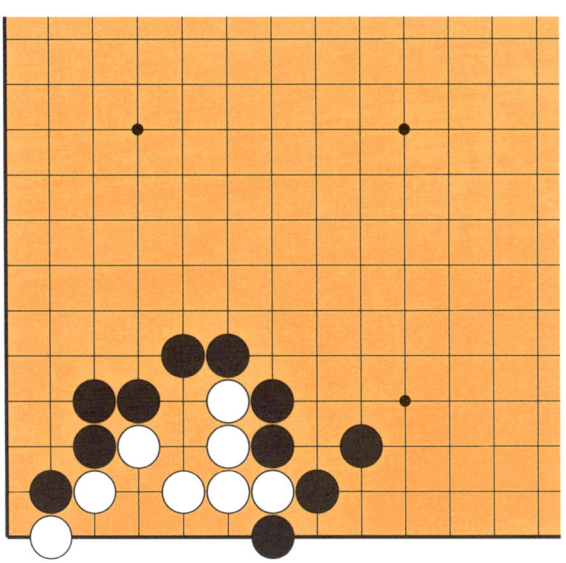

백은 눈모양이 풍부한 모습을 하고 있어 안심하고 있다. 그런 방심을 찌르는 교묘한 공격의 맥을 생각해 주기 바란다.

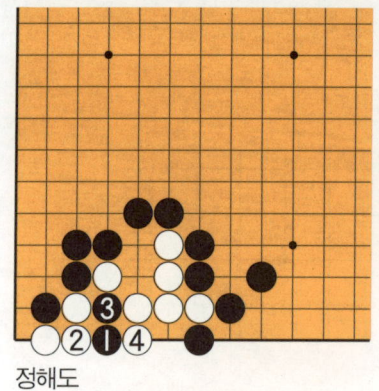

정해도

정해

▶ 백의 약점을 노린 흑1의 치중이 맥. 백2로 이을 수밖에 없고, 이때 흑3의 두 점으로 키워 버리는 게 날카로운 수단.

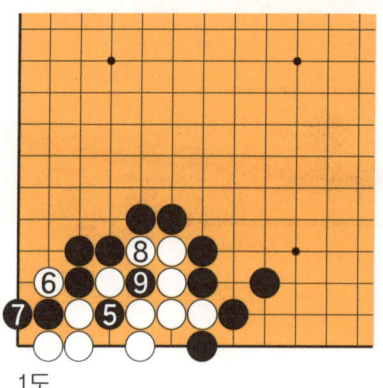

1도

1도 앞 그림에 이어 흑5의 먹여침이 결정타. 백8의 받음이 긴요하여 흑9까지의 패로 결말. 이런 무서운 수단도 있는 것이다.

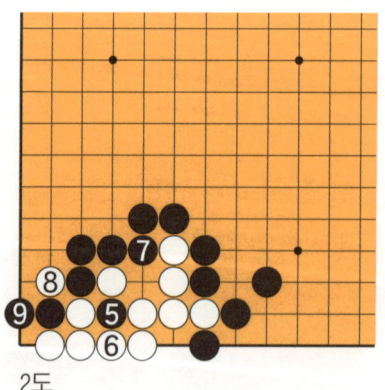

2도

2도 흑5에 대해 자칫 백6으로 따냄은 흑7에 의해 백의 죽음. 흑의 연속되는 '묘수풀이'의 묘미라 하겠다.

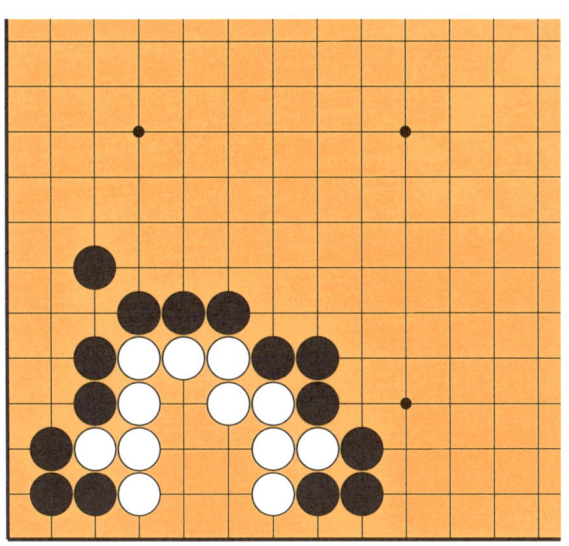

　이 백은 언뜻 보아 살고 있는 것 같지만 흑으로부터 교묘한 수단
이 있다. 좌우 어느 쪽부터 젖힐 것인지가 포인트이다.

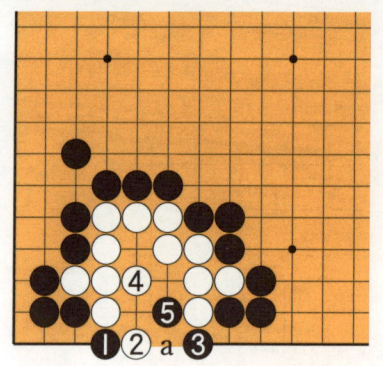

정해도

▶ 흑1의 젖힘부터 3의 젖힘으로 가는 게 정맥이고 수순이다. 백4엔 흑5로 산뜻하게 넘어가는데, 백a의 곳이 듣지 않는 모양이다.

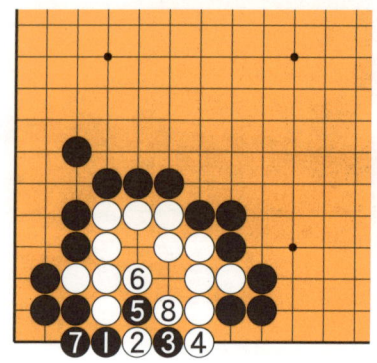

1도

1도 흑1, 3이 눈에 띄는 수단인데 백4로 응수하면 잘 되지 않는다. 백8까지로 보기 좋게 살아 버린다.

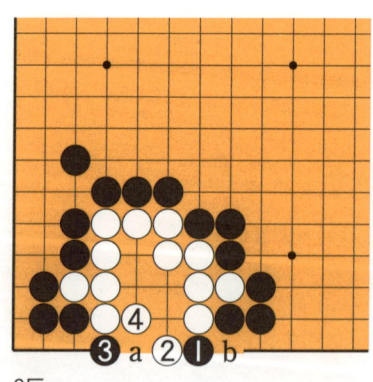

2도

2도 흑1쪽부터 젖히는 것은 수순이 나빠서 실패. 흑3으로써 a로 두는 것은 백b로 따내어 사는 것을 확인해 주기 바란다.

80

문제도

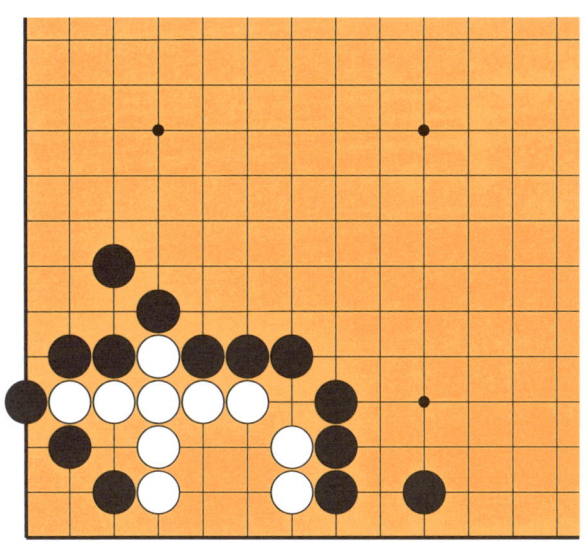

평범하게 두었다가는 눈이 생기지 않는 모양이다. 흑의 약점을 찌르는 열쇠는 귀의 엷음에 있다. 과연 어디일까?

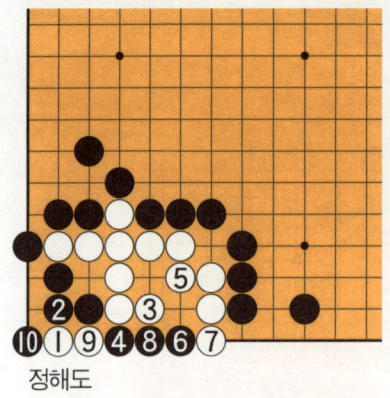

정해도

정해

▶ 백1이 약간 발견하기 어려운 맥. 흑2는 최강의 응수. 백9까지 진행되었을 때 1이 효력을 발생한다.

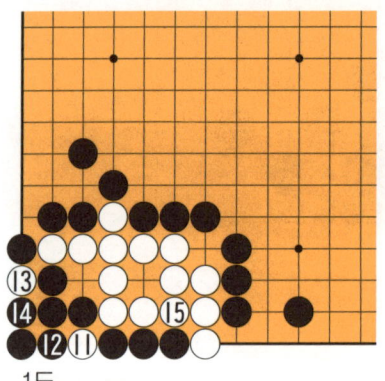

1도

1도 앞 그림에 이어 백11, 13의 먹여치기가 수순. 백15까지로 두어 몰아떨구기하는 것이 멋들어진 맥이다.

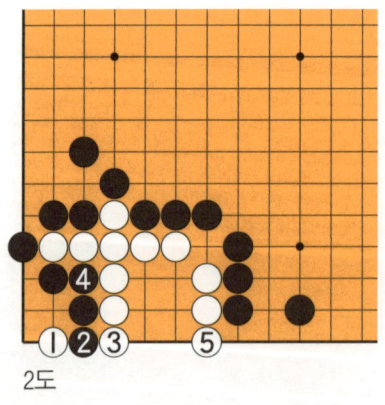

2도

2도 백1에 대해 흑2는 백3의 막음이 선수로 들어 간단히 산다. 흑4를 생략하면 백4로써 흑 두 점이 떨어진다.

문제도

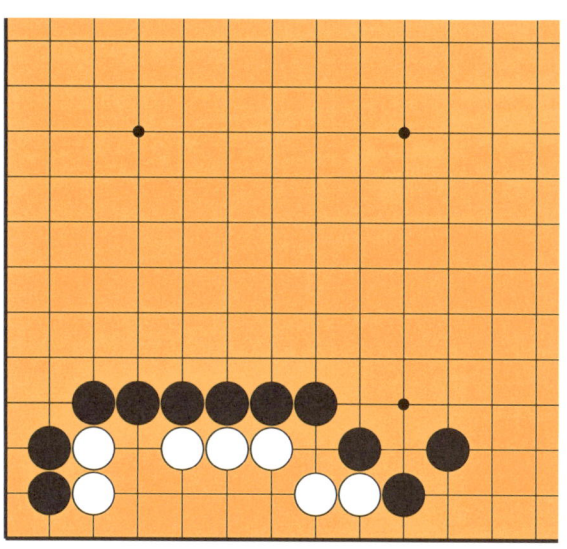

먼저 백의 약점이 어디에 있는지 찾는다. 그런 뒤 시원스런 맥으로 해결한다.

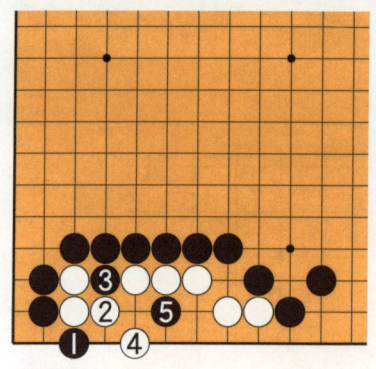

정해도

▶ 흑1의 젖힘이 백의 약점을 책망하는 급소. 백2엔 흑3을 결정하고 5의 치중으로 시원스럽게 해결한다. 백의 죽음을 확인할 것.

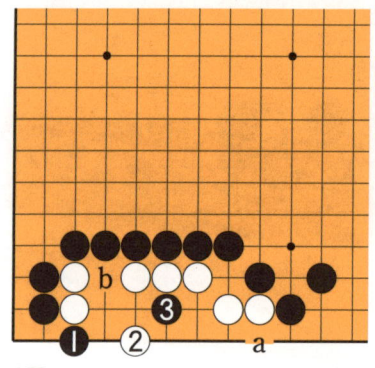

1도

1도 흑1에 대해 백2로 응수하면 역시 흑3이 급소 일타가 된다. 흑1로써 a쪽부터 젖히면 백b로 삶.

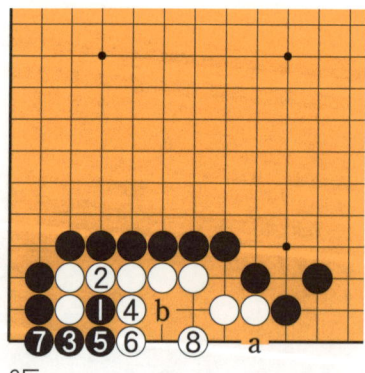

2도

2도 흑1에 붙이는 것은 초보자가 두는 속맥. 백2 이하 6까지를 결정한 다음 8의 마늘모가 모양의 급소로, a와 b가 맞보기이다.

문제도

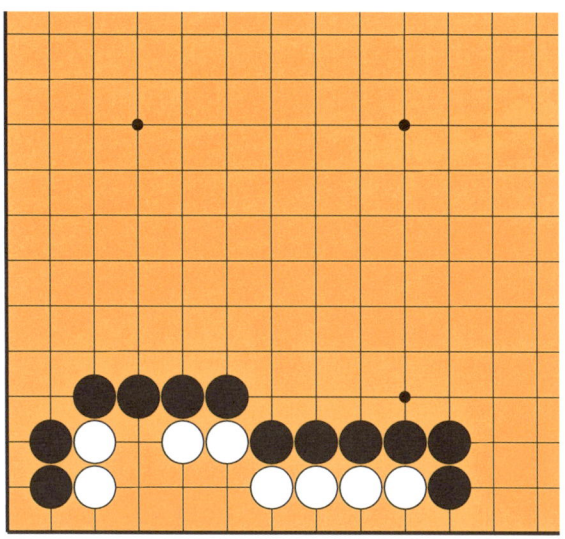

테스트 18　　변　▶　흑선

앞 문제와 다른 것은 백의 공간이 넓은 모양인 점이다. 그래서 평범한 공격수로선 잘 되지 않는다.

결정타로서 급소인 맥은 어디일까?

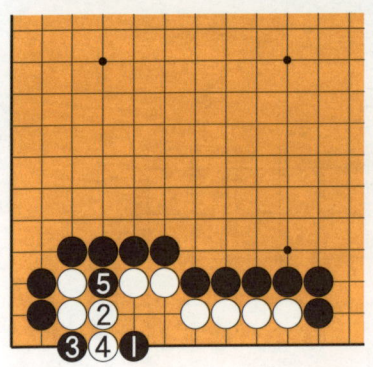

정해도

정해

▶ 흑1의 치중이 백의 약점을 포착한 정맥. 백2의 받음을 기다려 흑3, 5가 결정타가 된다. 백의 죽음.

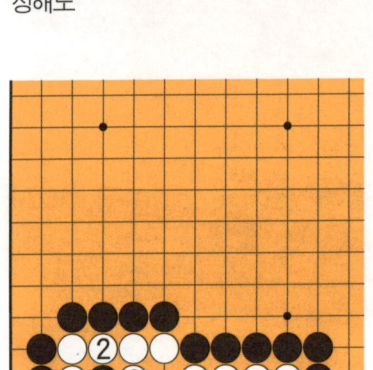

1도

1도 흑1, 3의 공격에는 백4의 뜀이 정맥으로 살게 된다. 백4로써 6은 흑4로 패가 난다.

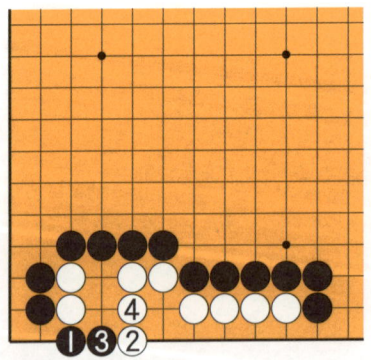

2도

2도 단순히 흑1의 젖힘은 백2의 뜀이 모양으로서 삶. 이런 모양은 2의 곳이 급소임을 알 수 있다.

문제도

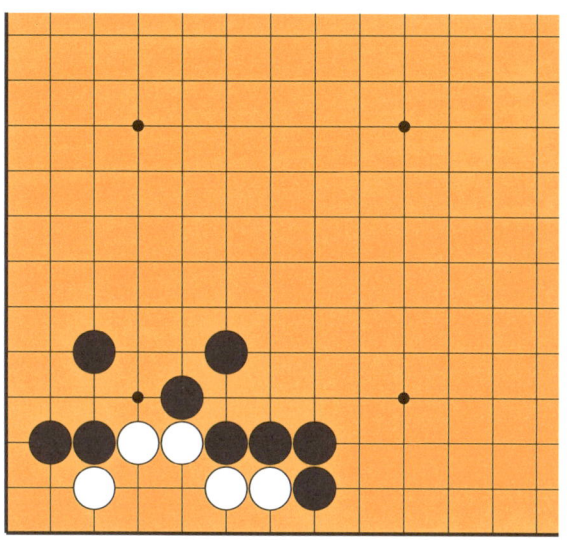

백은 공간만으로선 살 수 없는 모양을 하고 있다. 그렇다면 귀의
특성을 활용하여 삶을 모색해 보기 바란다.

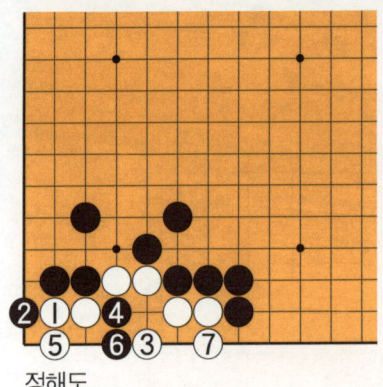

정해도

▶ 백1, 3이 귀를 활용하는 정맥이 된다. 흑4일 때 백5가 급소로서 6과 7의 곳을 맞보기로 한다.

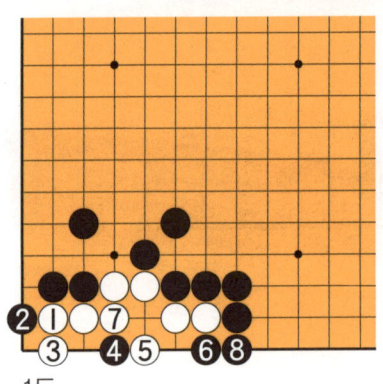

1도

1도 백1, 3으로 두는 것은 흑4가 날카로운 맥으로서 백의 움직임을 제압한다. 흑8까지가 백의 눈모양을 공격하는 데 딱 들어맞는 구도이다.

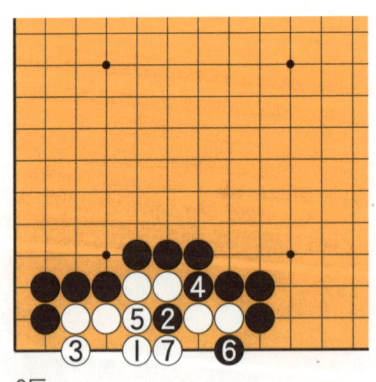

2도

2도 비슷한 유형인데 이번엔 백1, 3으로 사는 맥. 백1로써 7의 쪽으로 마늘모하는 것은 흑5의 끊음으로 공격해 백의 죽음이 된다.

문제도

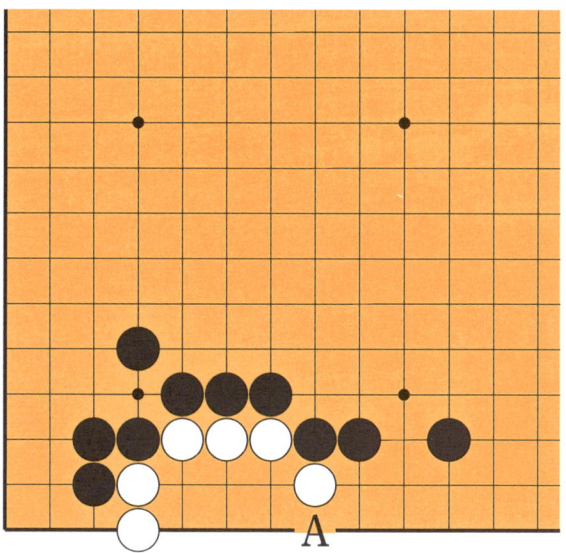

테스트 20　변　▶　흑선

A의 곳에 백돌이 오면 '빗살 모양'(빗 모양으로 사는 형태)으로 삶이 된다. 여기선 빗살의 완전한 모양이 아니므로 백의 약점을 어떻게 찌르는가, 날카로운 공격의 맥을 찾아 보기 바란다.

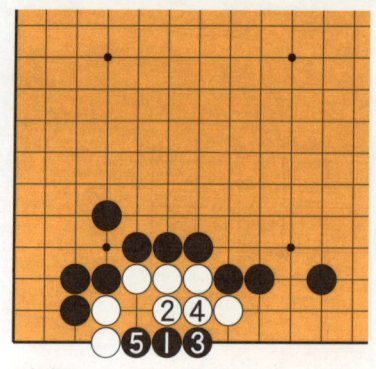

정해도

정해

▶ 흑1의 치중이 백의 약점을 찌르는 정맥. 백2로 받으면 흑3, 5로 공격하여 백의 죽음이 된다.

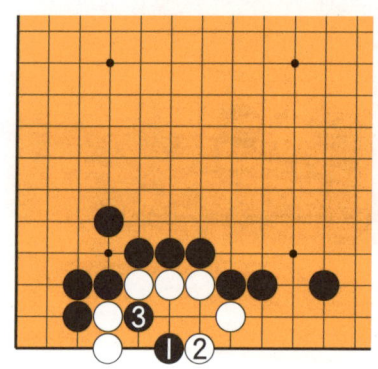

1도

1도 흑1에 대해 백2로 받으면 흑3으로 끊어 역시 백의 죽음이다. 흑1의 맥은 사활의 급소로서 응용이 넓다.

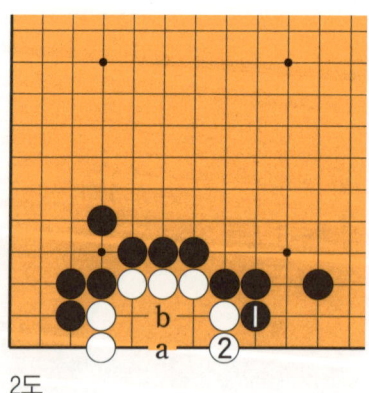

2도

2도 쉽게 흑1로 막는 것은 백2로써 빗살 모양의 기본이 된다. a와 b가 맞보기로서 백의 삶.

문제도

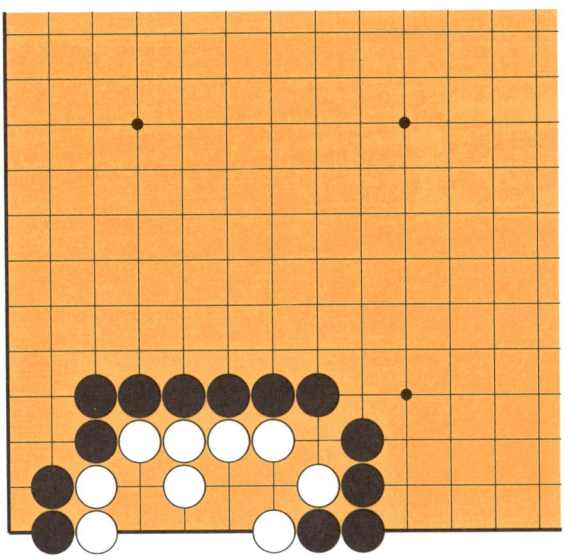

변 ▶ 흑선

　언뜻 보아 백은 살아 있는 모양이다. 삶을 죽음으로 반전시키는 데 사활의 묘미가 있을 것이다. 예리한 관찰이면 제1감으로 급소를 발견하지만, 눈을 빼앗는 데는 수순이 중요하다.

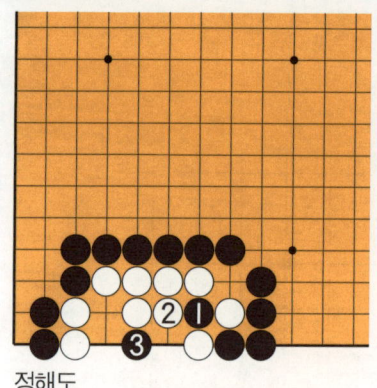

정해도

▶ 먼저 흑1로 집어넣는 것이 급소 백2로 따냈을 때 흑3이 환격의 맥. 흑1, 3이 호수순인 셈이다.

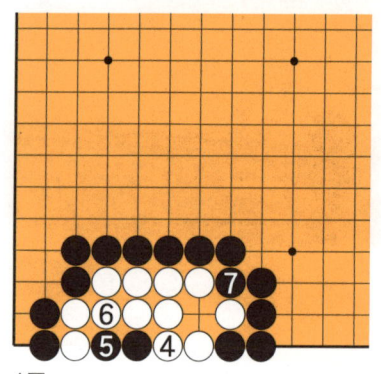

1도

1도 앞 그림에 이어 백4로 둘 수밖에 없지만, 흑5로 버림돌을 만든 다음 흑7의 단수까지 멋들어진 포획이다.

2도

2도 자칫 흑1의 정맥을 먼저 두면 백2로 받아 살아 버린다. 그러므로 수순을 바꾸지 않도록 부디 조심해 주기 바란다.

92

문제도

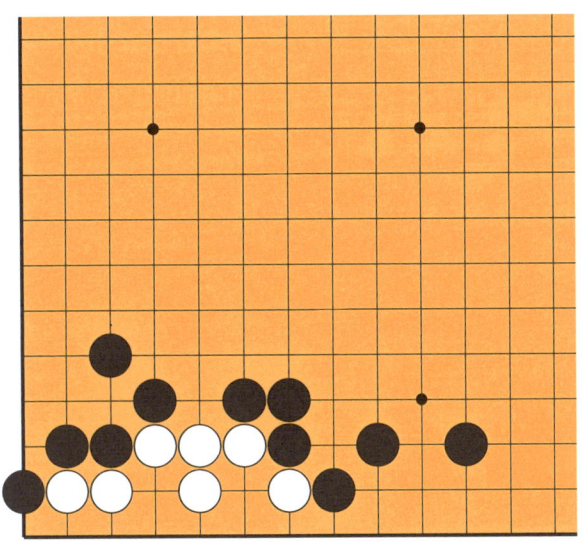

　백은 눈모양이 풍부한 모양을 하고 있지만, 제대로 공격하면 정맥
과 수순이 위력을 발휘한다.
　그럼, 어떻게 공격해야 할까?

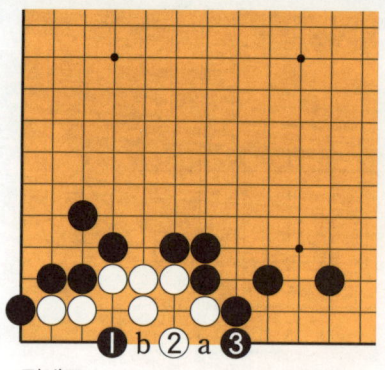

정해도

정해

▶ 흑1의 치중이 백의 약점을 찌르는 정맥. 백2엔 흑3이 급소이며 a, b가 맞보기로 백의 죽음이다. 응용이 넓은 맥이다.

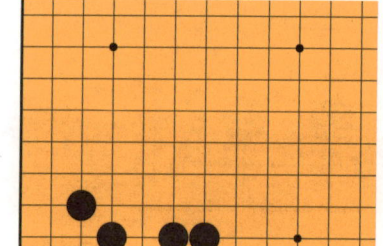

1도

1도 흑1의 젖힘은 백2로 응수하여 패가 된다. 정해도를 모르고서 이처럼 패를 쓰는 분이 많지 않을까?

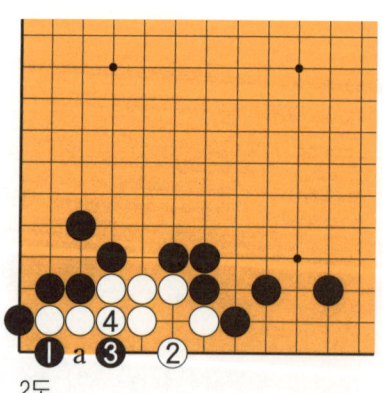

2도

2도 흑1쪽부터 젖히는 것은 백2로 눈을 갖고 살아 버린다. 흑3엔 백4로서 흑a의 곳이 성립되지 않는다.

문제도

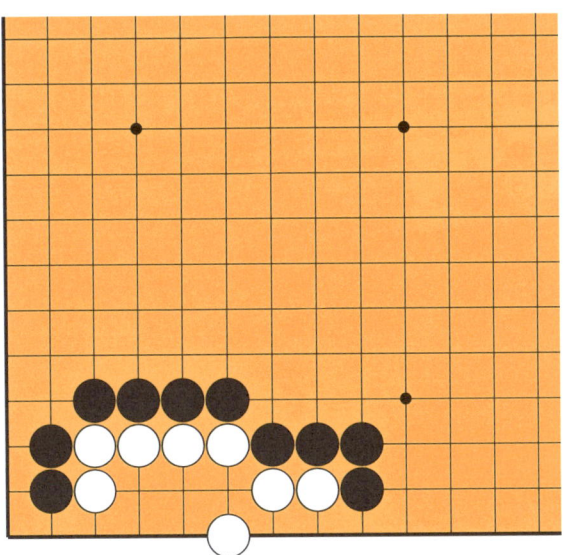

테스트 23 변 ▶ 흑선

우선 백의 약점이 어디에 있는지 꿰뚫어 본다. 호수순에 의해 해결하는데, 과연 어디서부터 공격할까?

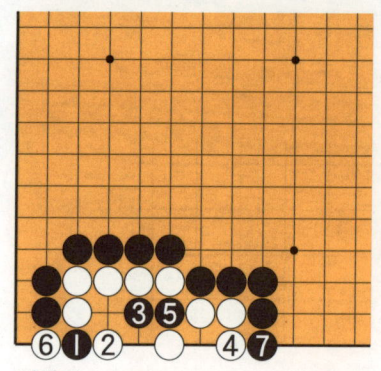

정해도

정해

▶ 흑1로 젖히고 나서 3의 치중이 교묘한 수순이다. 백4일 때 흑5의 끊음이 선수로 들어 7로 해결한다. 백의 죽음.

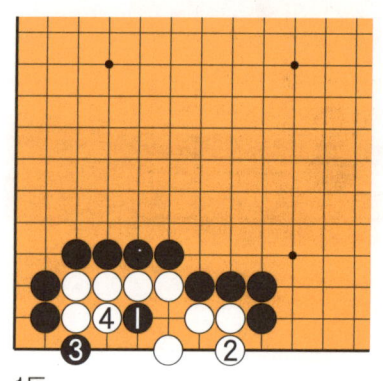

1도

1도 흑1의 치중부터 두는 것은 백2가 눈을 갖는 호수로서 살아 버린다. 흑3 때 백4로 물러나는 것이 중요한 응수이다. 수순의 중요성을 알 수 있을 것이다.

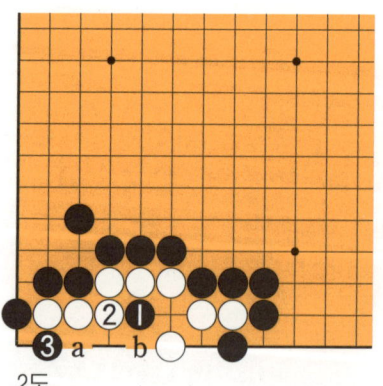

2도

2도 [문제도]와 비슷한 사활인데 이번엔 흑1, 3의 수순으로써 백의 죽음이다. 다음에 a와 b가 맞보기이다.

문제도

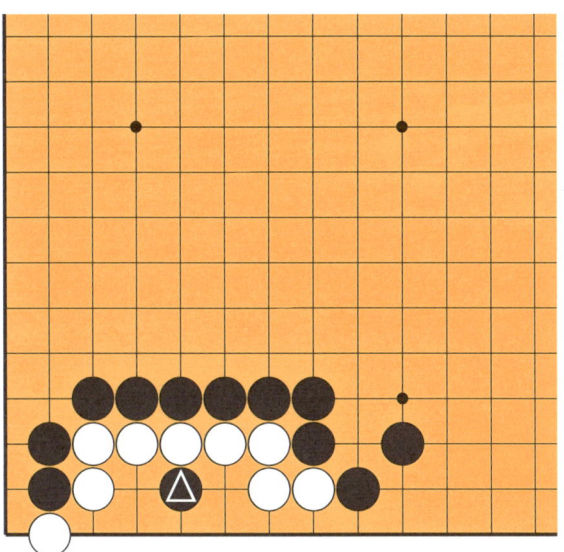

🔺가 눈모양의 급소에 있다. 흑의 노림수를 비켜 가도록 연구해야 한다. 간단히 생각하면 실패한다. 빅도 사는 방법 중의 하나임을 알아야겠다.

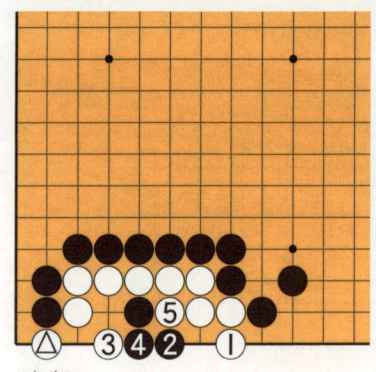

정해도

▶ ◭의 젖힘을 활용하여 백
1로 공간을 넓히는 게 좋은 수.
흑2엔 백3, 5의 수순으로 빅이
된다.

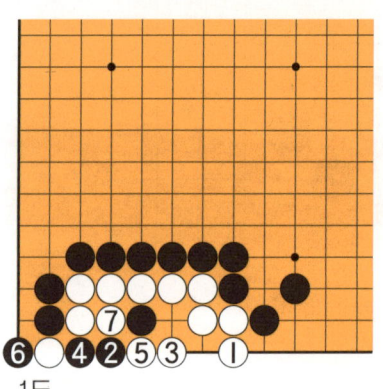

1도

1도 흑2로 변화해 오면 백
3으로 눈을 갖는 게 긴요한 수
단. 흑4엔 백7까지로 두어 훌
륭한 삶이다.

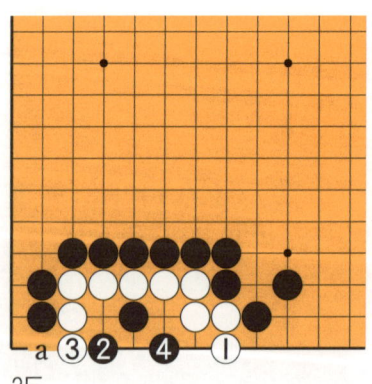

2도

2도 a의 곳에 백의 젖힘이
없다면 흑2, 4의 수단으로 '죽
음의 5궁'이 된다. 모양에 유의
하기 바란다.

문제도

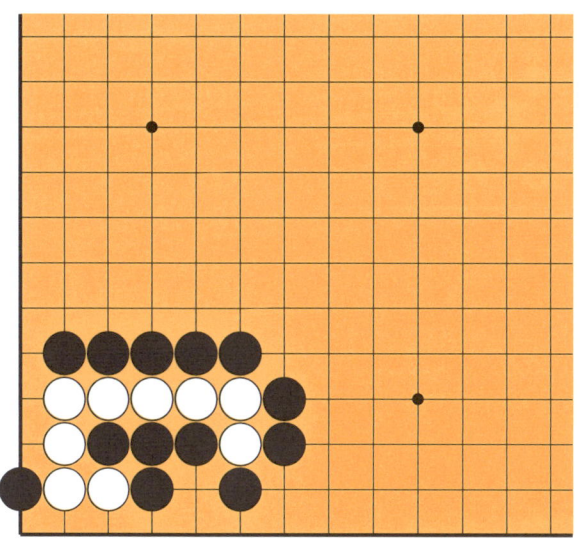

언뜻 보아 궁도가 절대 부족한 백은 '자연사'가 아닐까 싶다. 백으로선 흑의 약점을 효율적으로 공격해야만 사지에서 벗어날 수 있다. 과연 그곳은 어디일까?

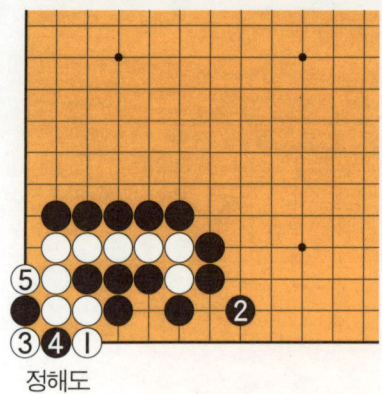

정해도

정해

▶ 백1의 내려섬은 좌우를 양노림수로 한 정맥. 흑2로 이쪽을 지켰을 때 백3의 먹여치기가 중요한 수법이다.

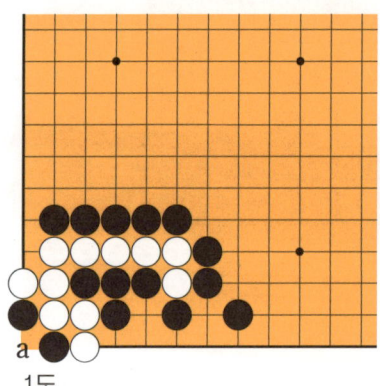

1도

1도 앞 그림의 백5까지인 모양인데, 흑a로 이을 수 없는 눌러잡기의 기본형이다. 과연 **정해도**의 연속 정맥이 돋보이지 않는가?

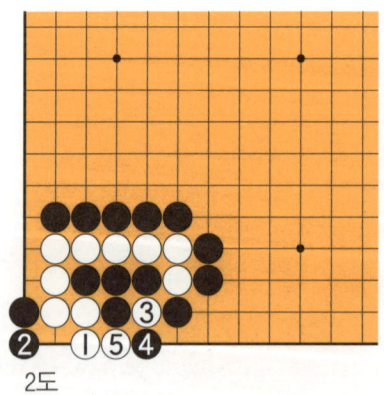

2도

2도 백1에 대해 흑2로 귀의 눈모양을 공격해 오면, 백3의 맥에 의해 몰아떨구기가 성립하는 것이다.

문제도

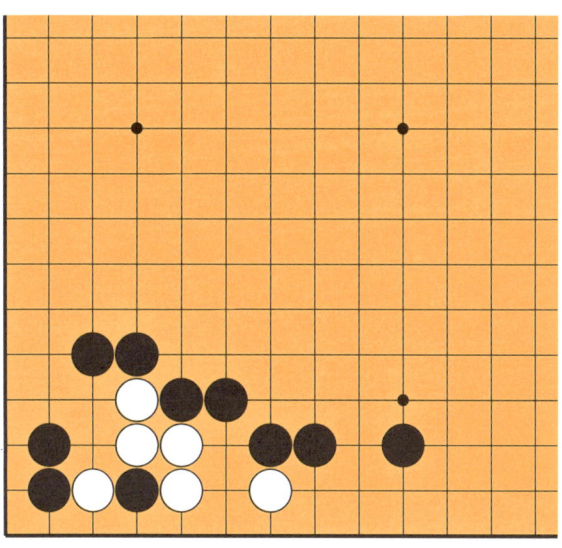

실전에서 이런 모양이 생기면 거의 삶으로서 처리되지 않을까? 백을 공격하는 날카로운 정맥을 발견해 주기 바란다.

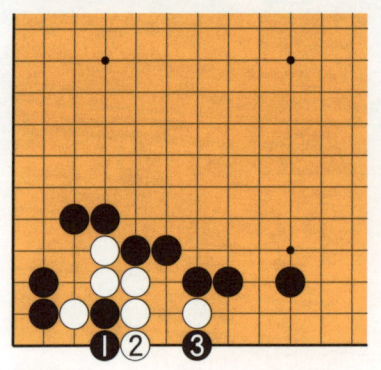

정해도

정해

▶ 흑1, 백2는 이렇게 된다 하고서 흑3의 밑붙임이 포인트인 정맥. 이 '파호'의 맥을 발견한다면 아마 유단자일 것이다.

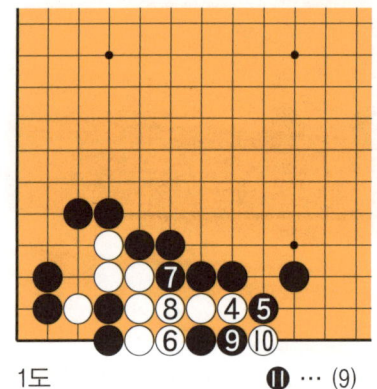

1도   ❶ … (9)

1도 앞 그림에 이어 백4에는 흑5 이하의 수순으로 눈을 빼앗는다. 백6으로써 9는 흑8이 성립한다.

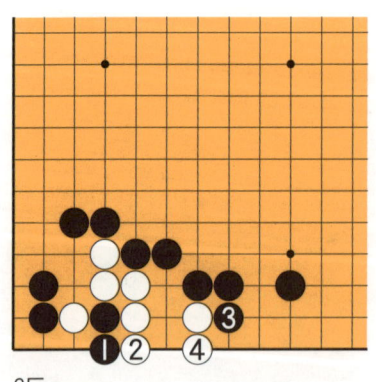

2도

2도 대부분의 사람은 흑1, 3을 결정하는 게 아닐까? 가볍게 살고 있음을 알 수 있다. 그러므로 날카로운 공격의 감각이 중요하다.

문제도

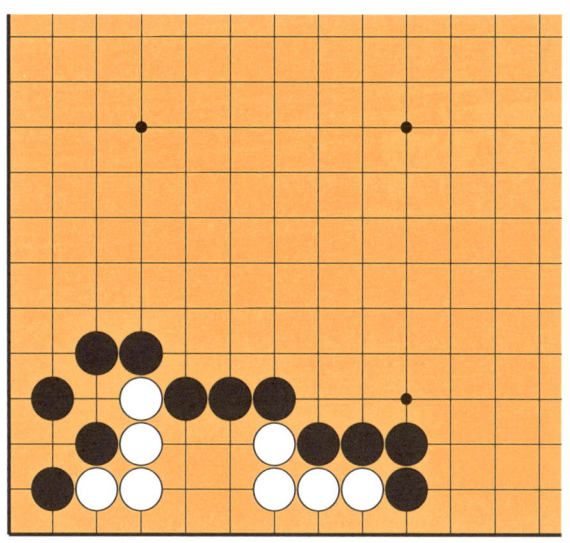

테스트 27　　변 ▶ 백선

　백은 공간이 넓은 것 같은 모양인데, 흑에게는 반격이 준비되어 있다. 백이 사는 데 눈모양의 급소는 어디일까?

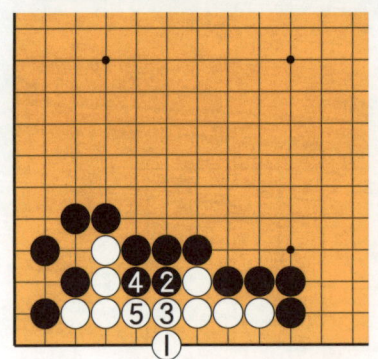

정해도

정해

▶ 백1의 마늘모가 멋진 정맥. 백5까지 산 모양은 '좌우동형'의 격언이 살아난다.

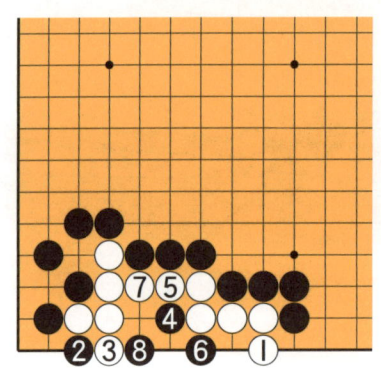

1도

1도 백1로 공간을 넓히는 것은 흑2에 젖힌 다음 치중의 상용 수단이 성립. 흑8까지면 죽음의 5궁으로 백 죽음.

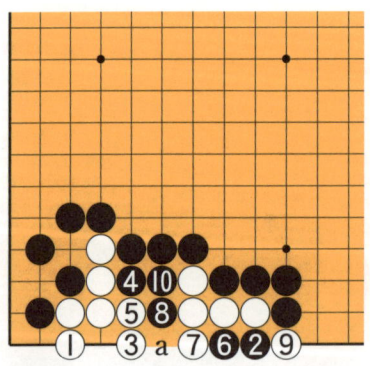

2도

2도 백1의 쪽을 넓히는 것도 잘 되지 않는다. 이런 진행이면 흑6, 8이 결정타. 흑10 다음 a와 2의 곳이 맞보기이다.

문제도

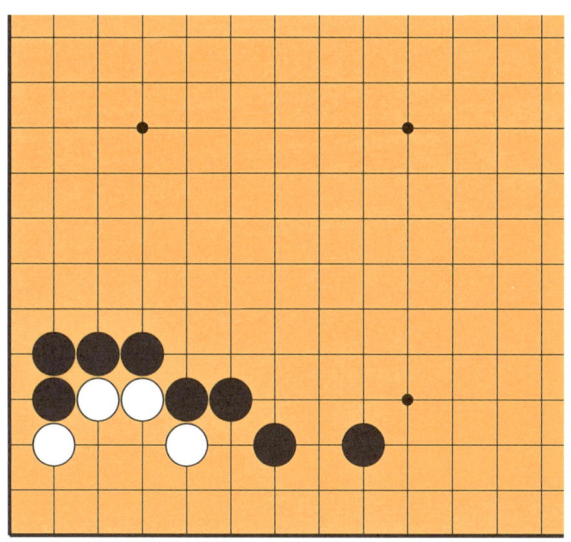

백은 끊어질 약점을 지키면서 사는 것인데, 안이하게 생각하면 실패하는 케이스이다. 정확한 수읽기의 뒷받침을 필요로 한다.

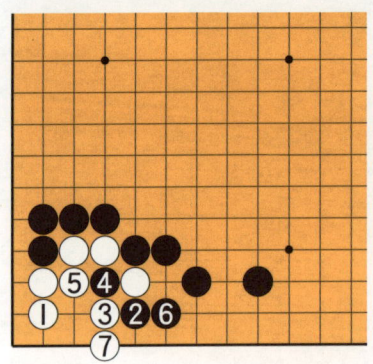

정해도

정해

▶ 언뜻 보면 모양에 서투른 듯한 백1이 정맥. 흑2, 4가 노림수이지만 백7까지의 알뜰한 삶을 그리는 게 정답이다.

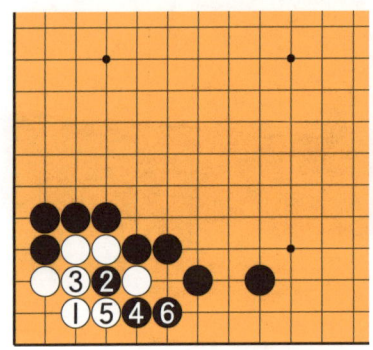

1도

1도 언뜻 보아 백1은 좋은 모양 같지만 흑2, 4의 노림수에 빠지고 만다. 실전에서 잘 생기므로 주의.

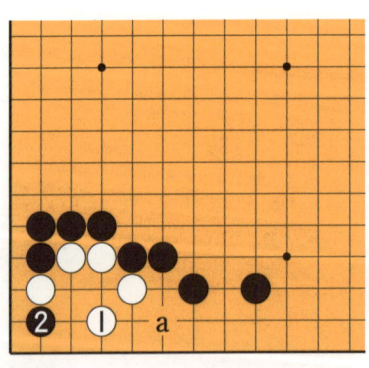

2도

2도 백1도 흑2의 붙임 한 방으로 죽음이 된다. 백a가 겨우 죽음을 벗어나지만, 역시 흑2면 패가 나든지 매우 초라한 삶이 되므로 확인해 볼 것. 정해도의 백1을 꼭 기억하기 바란다.

106

3

끝내기의 정맥

문제도

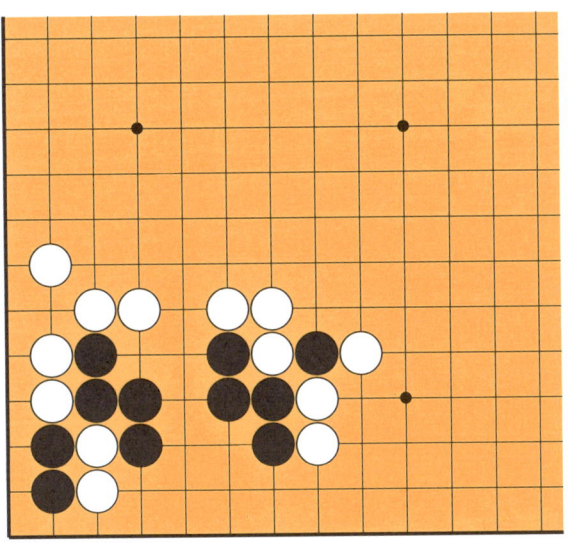

실전에서 곧잘 생기는 모양.

잡혀 있는 백 두 점을 활용하는 끝내기 수단이 있다. 시원스런 제 1감의 급소는?

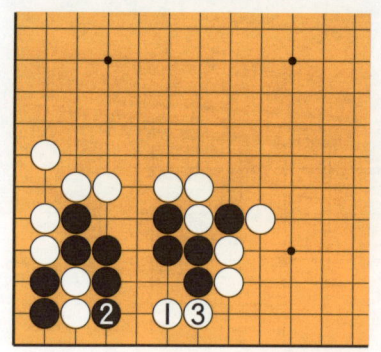

정해도

▶ 백1의 '치중'이 좌우를 노린 정맥. 실전이라면 필승의 끝내기가 되겠다. 흑2는 괴롭지만 부득이하고 백3으로 건너가며 흑집을 크게 도려낸다.

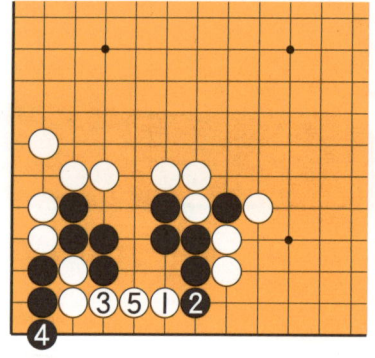

1도

1도 흑2로 가로막고 싶겠으나 백3이 성립되어 실패. 흑4로 급소에 두어 '수상전'을 꾀해도 백5에 이으면 백의 1수 승이다.

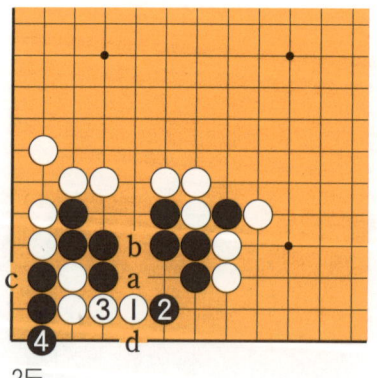

2도

2도 백1의 치중은 틀린 맥. 흑2의 마늘모 붙임부터 4라는 저항이 있어 흑이 한 수 이기게 된다. 백a, 흑b, 백c, 흑d 다음 순서대로 메워가며 확인해 보기 바란다.

문제도

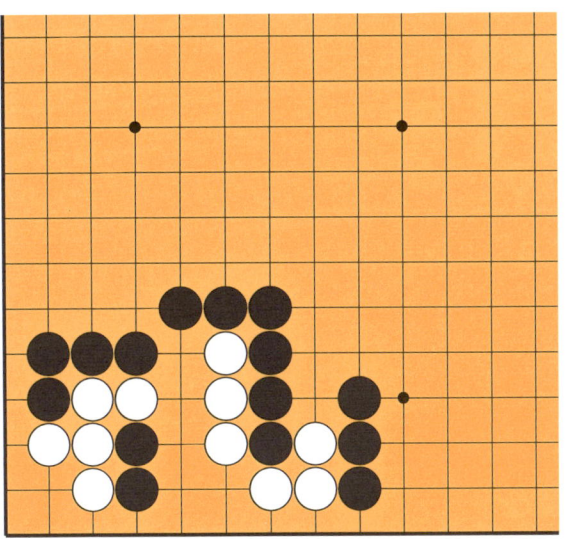

　잡혀 있는 두 점의 활용을 생각하는데, 포인트는 백 석 점을 자충으로 몰며 어떻게 공격하느냐이다.

　제1감의 날카로운 정맥을 발견해 주기 바란다.

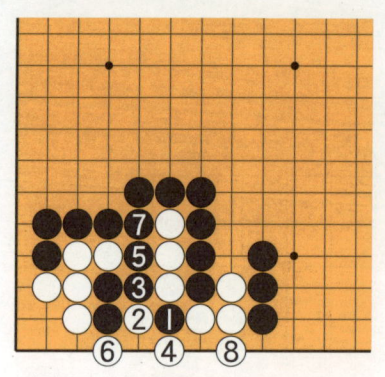

정해도 ❾ … (1) ⑩ … (1의 위)

▶ 흑1의 '끊음'이 날카로운 정맥. 백2로 받는 한 수인데, 흑은 두 점을 살리면서 백 석 점을 '선수'로 잡을 수 있다.

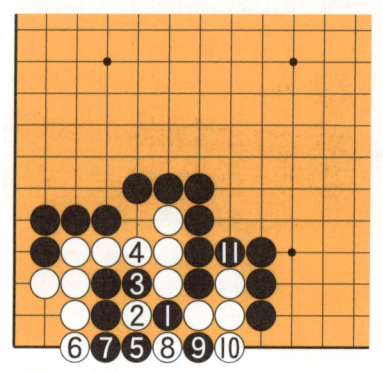

1도

1도 흑1, 3에 대해 백4는 무리한 수단. 백8, 10의 '패'가 되는데 백은 전체의 사활에 걸리게 되지만 흑은 '꽃놀이패'에 불과.

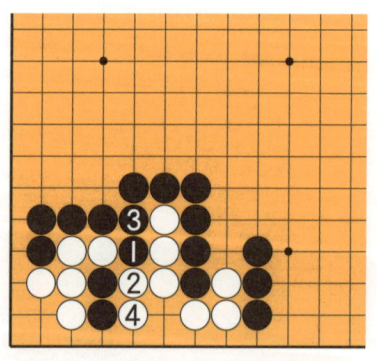

2도

2도 흑1의 '끼우기'로선 부족. 백4까지 백집 10집 이상이 확정되므로, **정해도**와의 차이는 말할 필요도 없을 것이다.

문제도

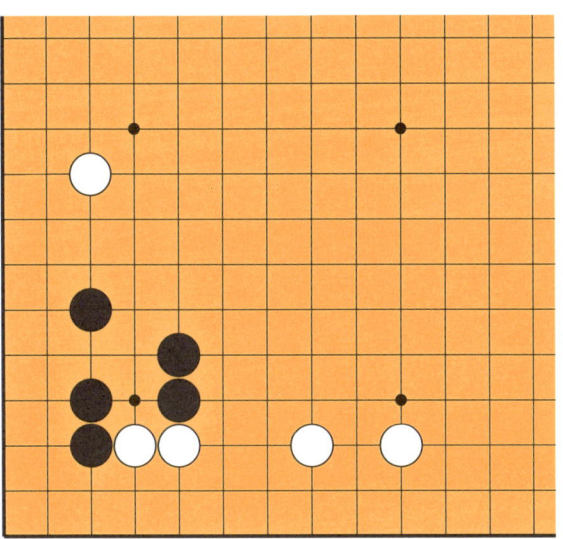

테스트 3 　흑선

큰 끝내기 문제인데 귀에서 이득을 얻는 기막힌 수단이 있다.

어떻게 끝내기하는지, 제1감으로 맥을 알면 유단자라고 해도 좋을 것이다.

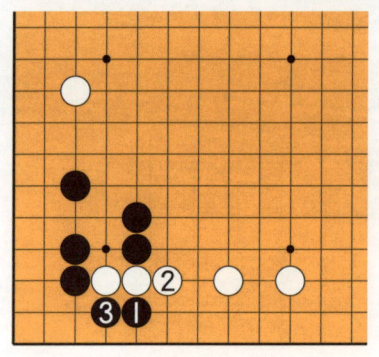

정해도

정해

▶ 흑1의 '밑붙임'이 날카로운 맥인데 이 수를 알면 제법이다. 백2엔 흑3으로 건너가 성공. 백의 발밑을 무너뜨려 공격해 가는 모양이다.

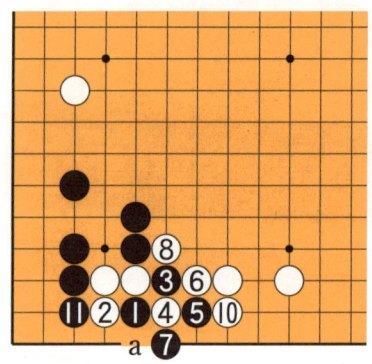

1도　　　　　　❾ 이음(4)

1도　흑1에 백2의 저항은 무리. 흑11까지 되면 백 석 점이 잡혀 버린다. 백6으로써 a의 곳은 흑6으로 분단되어 말도 안된다.

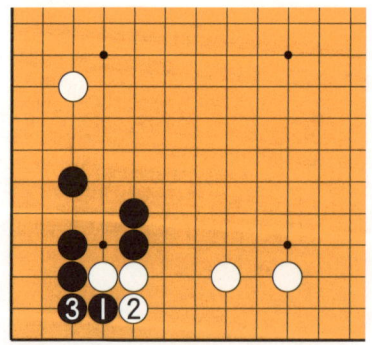

2도

2도　흑1, 3의 '젖혀이음'으로 큰 끝내기를 두었다고 만족하는 사람이 많으리라 생각된다. 그러나 **정해도**에 비해 집의 차이나 안정도가 크게 다름을 알 수 있다.

114

문제도

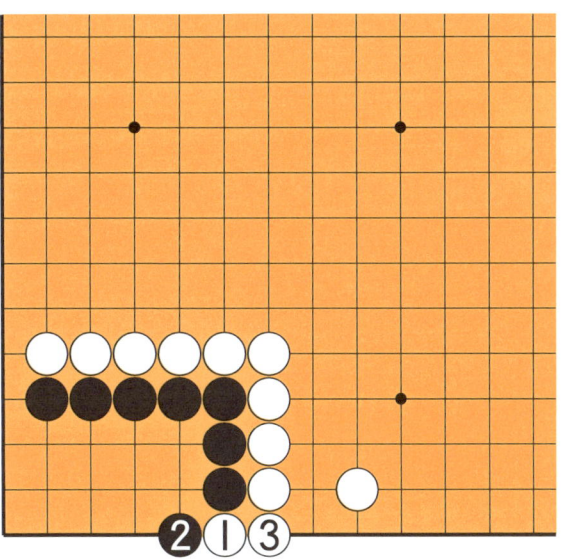

백1, 3으로 젖혀 이었다. 흑의 바른 응수를 생각해 주기 바란다.

　실전에 많이 나타나는 모양이므로 끝내기의 상식으로서 꼭 배워 두어야 한다.

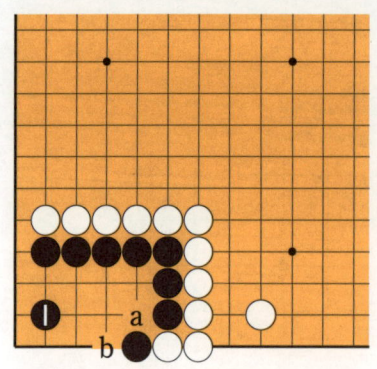

정해도

정해

▶ 흑1로 뛰어 받는 게 본 문제의 포인트. 이 수에 의해 왼쪽 백부터의 젖혀이음을 막는 동시에 백a의 끊음엔 흑b로 달아나 1과 연결할 수 있다.

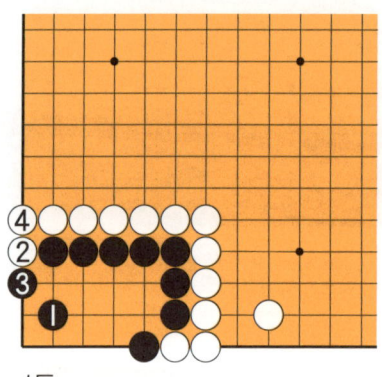

1도

1도 흑1에 대해 백부터 2, 4의 젖혀이음은 '후수'가 된다. 따라서 언제든지 흑부터 4의 젖힘이 선수 권리가 됨을 주목하기 바란다.

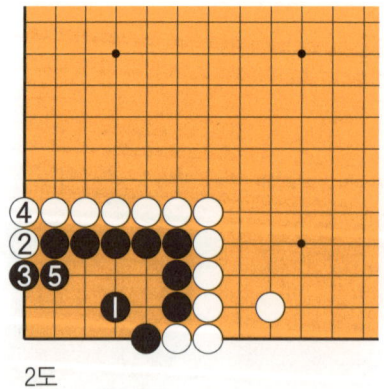

2도

2도 흑1로 고지식하게 받으면 재빨리 백2, 4의 젖혀이음을 빼앗겨 실패. 정해도에 비하면 흑은 자체로만 2집 손해.

116

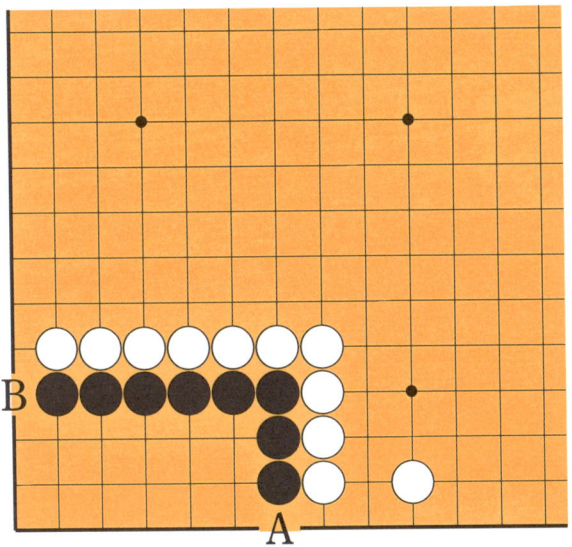

문제도

테스트 5 백선

앞 문제와 비슷한 모양인데 내용은 다르다. 백은 A, B의 어느 쪽
부터 젖혀이음을 결정하는 게 옳을까?

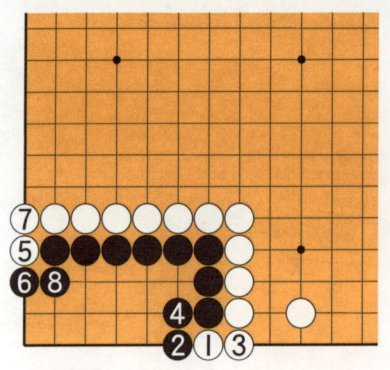

정해도

정해

▶ 백1, 3으로 우측부터 끝내기하는 게 올바른 수순. 흑은 4와 8로 꽉 잇는 것이 중요한 요령. 이것을 호구 이음하면 '패감'이 생기므로 안 된다.

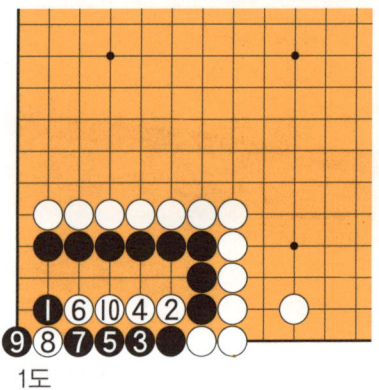

1도

1도 앞 문제와 다른 것은 흑1의 이음이라면 실패한다는 점. 그 이유는 흑집이 1칸 넓으므로 백4로 드리블한 다음 6, 8의 정맥이 성립하기 때문.

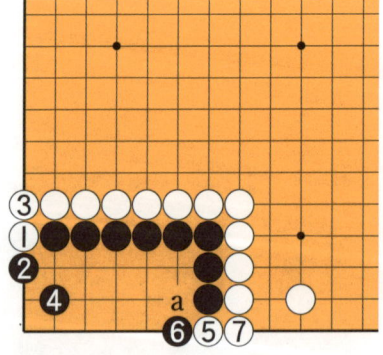

2도

2도 백1, 3쪽부터 끝내기하는 것은 5, 7의 젖혀이음이 후수가 된다. 백a는 성립하지 않으므로, 선후수 관계상 한 수의 차이와 흑집 1집이 늘어나는 셈이다.

118

문제도

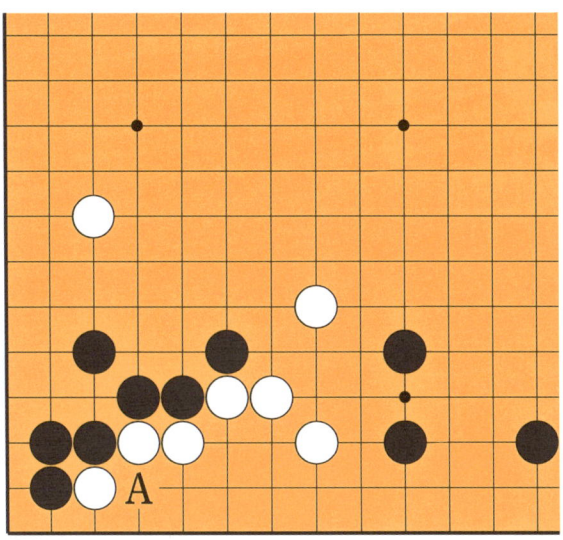

테스트 6 흑선

보통은 흑A로 끊어 한 점을 잡는 게 큰 수이지만, 이 경우는 불충분하다. 백의 약점은 어디일까? 날카로운 끝내기 수단이 있다.

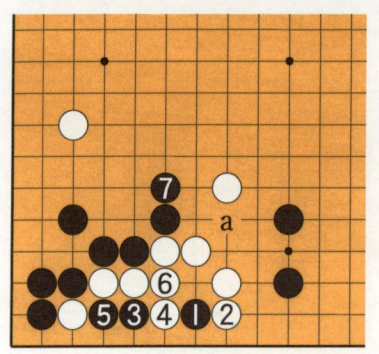

정해도

▶ 흑1의 치중이 날카로운 노림수로 백2일 때 흑3의 '뛰어붙임'이 정맥. 흑5를 선수로 끊은 다음 7로 서고 나면 a의 노림을 보아 절호의 공격.

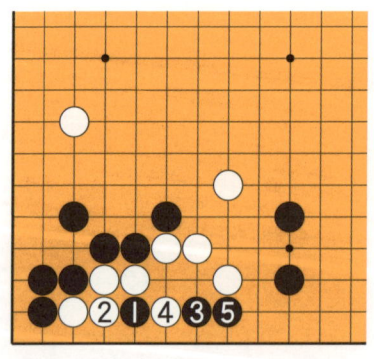

1도

1도 흑1, 3에 대해 백4로 잇는 수는 없다. 흑5의 끊음이 성립되어 백의 한 수 패배가 된다. 실전에도 잘 생기는 끝내기의 수법.

2도

2도 흑1을 먼저 두는 것은 수순이 나쁘다. 흑3일 때 백4로 변화하는 여지가 있어 정답보다 명백히 손해. 정해도는 필연인 셈이다.

120

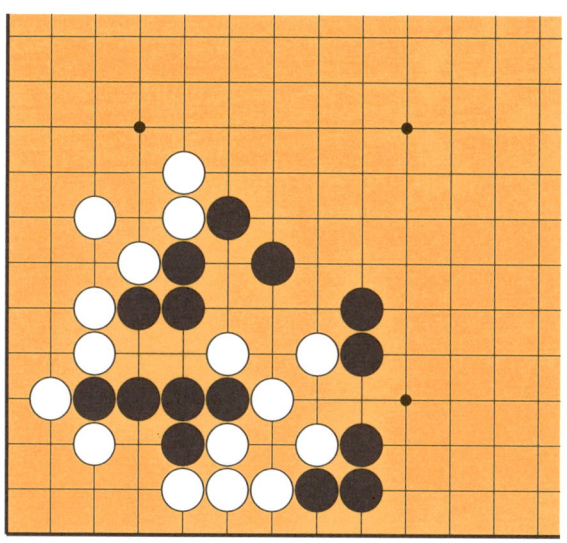

테스트 7 흑선

　실전에서 나타난 모양인데 백은 한껏 활동하고 있다. 그러나 맹점이 있어 실착을 범하고 있는 셈인데 알고나 있는지….

　그럼, 그것을 응징하는 정맥은 어디일까?

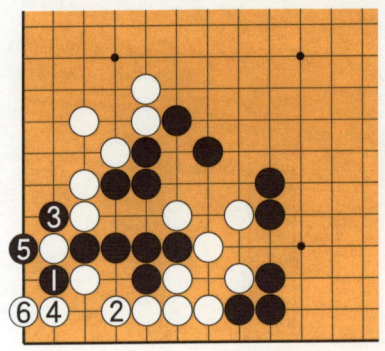

정해도

정해

▶ 흑1의 끊음은 맹점을 찌르는 맥. 백2에 '늘어' 살 수밖에 없고, 다음 흑3, 5로써 선수로 따내는 모양이 된다면 승부가 났다고 하겠다.

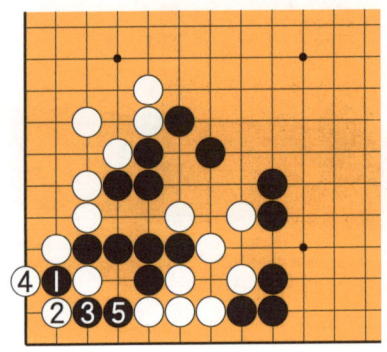

1도

1도 백2로 '잡는' 사람이 많을 테지만 흑3의 '되끊음'을 안다면 둘 수 없을 것이다. 흑5로 늘어 백 일곱 점이 잡힌다면 백의 괴멸.

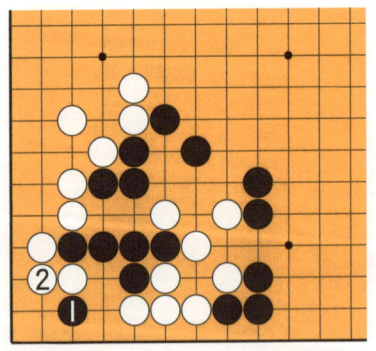

2도

2도 흑1의 '껴붙임'은 백2로 이어서 수단이 생기지 않는다. **정해도**처럼 간신히 살도록 만들어야 할 것이다.

문제도

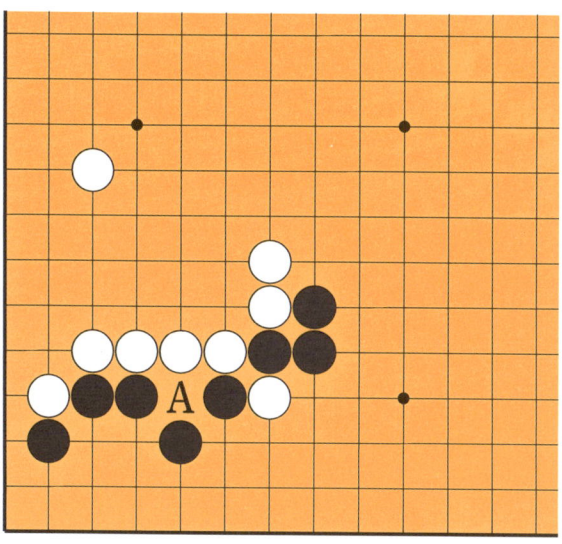

실전에도 생기는 유명한 모양이다. A의 약점을 노려보며 수단을
쓰는데, 이 귀는 어떤 결과가 될까?

따끔한 맥은 어디일까?

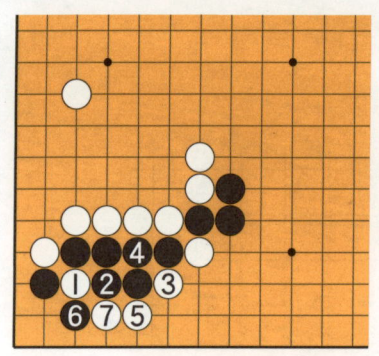

정해도

▶ 백1이 맥이라 뭐라 할 수 없는 무서운 수단이다. '양단수' 때문에 흑2로 받는데, 여기서 백3부터 단수하는 수순이 돋보인다. 다음 백5, 7로 연단수하여 조여 간다.

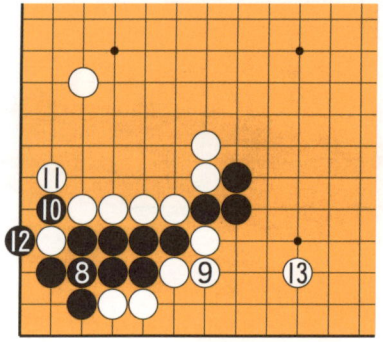

1도

1도 앞 그림에 이어 흑8일 때 백도 9로 잇는다. 흑10의 삶을 강요하고 나서 백13의 전개까지, 눈이 번쩍 뜨이도록 일사천리로 처리한다면 백의 독무대임을 알 수 있을 것이다.

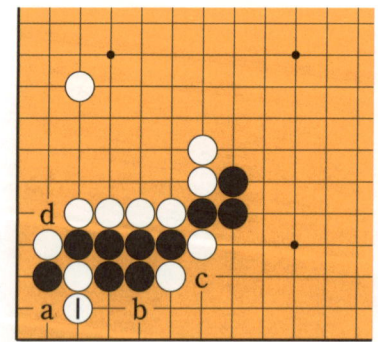

2도

2도 정해도 백5로선 1로 뻗고 다음에 a와 b를 노리는 것도 있다. 흑c라면 백a. 흑d라면 백b부터 조이는 요령이다.

124

문제도

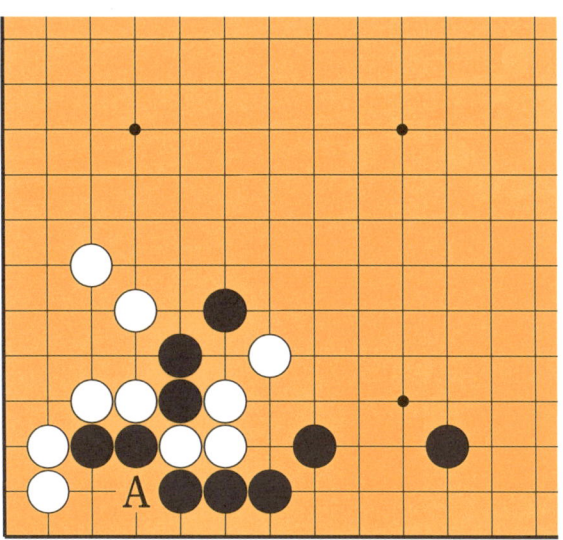

흑 두 점은 백을 절단하고 있는 '요석'이다. 그래서 A의 '결점'을 해결하는 것인데 어떻게 잇는 게 최선일까?

쉬운 방법은 누구나 알겠지만 좀더 연구해 주기 바란다.

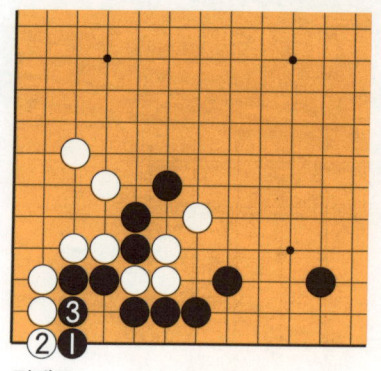

정해도

정해

▶ 흑1의 뜀이 최선. 왜 이런 뜀이 옳은가는, 백2의 막음, 흑3이 된 모양을 보면 2도에 비해 흑 2집의 이득이 되기 때문이다.

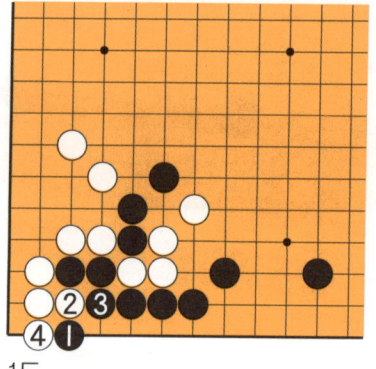

1도

1도 백2로 나온 다음 4의 막음이라면 흑은 손뺌이 가능하므로 다른 호점에 먼저 갈 수 있는 게 자랑이다. 따라서 백4를 손뺌한다면 차후 흑4로 둘 때 2도와 비교하여 4집 차이가 난다.

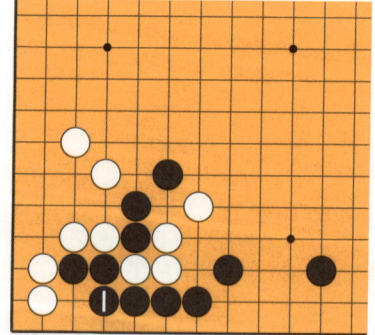

2도

2도 흑1의 이음으로선 별로 묘미가 없다. 이음법 하나라도 조금만 신경쓰면 한두 집의 차이가 생기므로 소홀히 하지 말아야 한다.

문제도

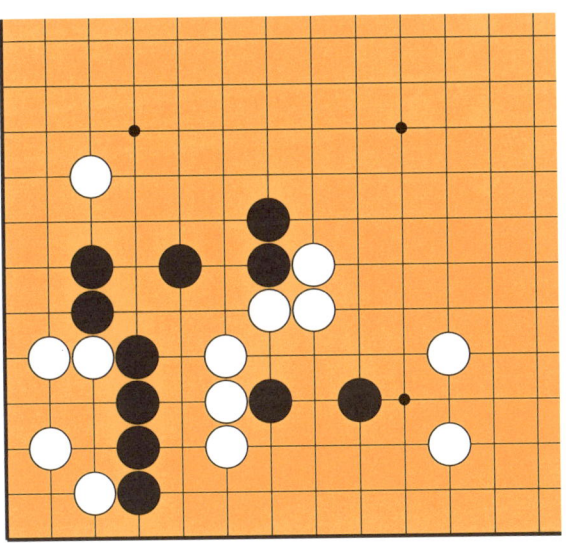

테스트 10　흑선

　이런 모양은 접바둑의 '눈목자 정석'에서 나타나므로 잘 알고 있을 것이다.

　좌우를 노려보는 멋있는 끝내기의 맥을 발견해 주기 바란다.

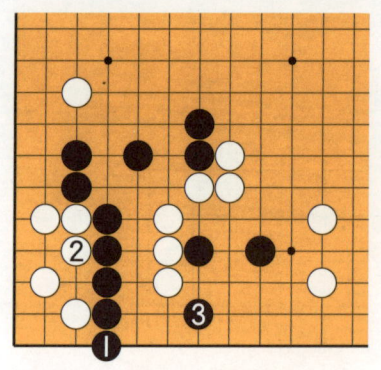

정해도

정해

▶ 흑1의 '내려섬'이 좌우를 노리는 맥. 일단 백2로 '손질'하여 귀를 살릴 수밖에 없다. 다음 흑3으로 건너가서 백집 침략에 성공.

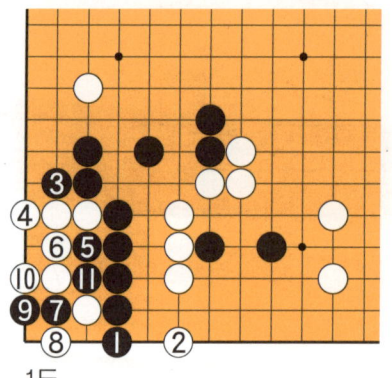

1도

1도 백2로 '건너감'을 막는 것은 귀가 죽는다. 흑3에 누르는 수순부터 시작하여 흑7의 붙임이 백을 공격하는 맥. 흑9, 11이 관련된 수단으로 백의 눈을 빼앗는다.

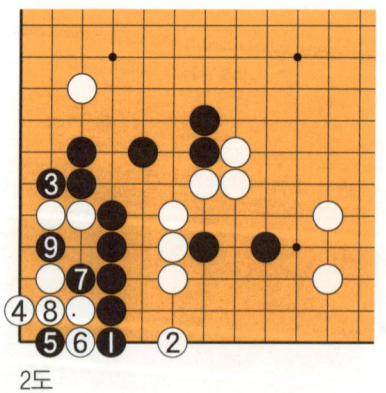

2도

2도 흑3일 때 백4로 받으면 흑5의 치중이 급소라서 거기까지이다. 귀가 죽는다면 패배이므로 **정해도**를 따라야겠지만, 실전이라면 승부가 어떻게 될는지….

문제도

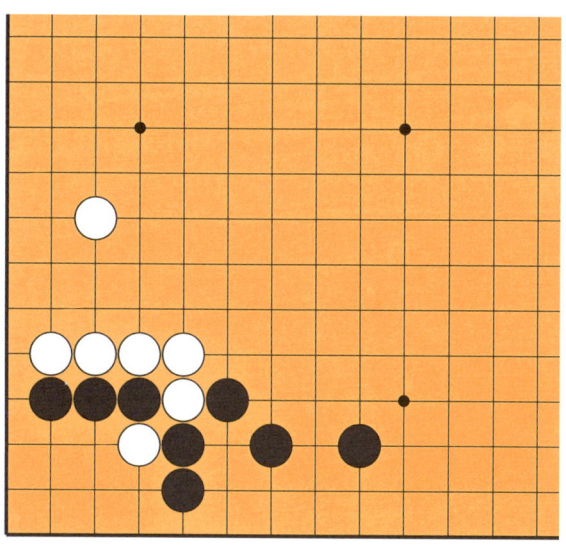

테스트 11   백선

흑의 포위망 속에 있는 한 점의 활용이 관건인데, 흑 석 점을 자충으로 어떻게 유도하느냐가 포인트이다.

또한 흑이 귀를 손질할 경우의 올바른 수도 생각해 주기 바란다.

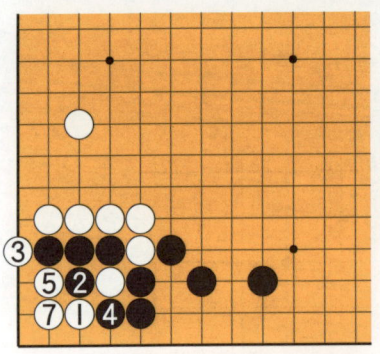

정해도　　　　❻ 이음

정해

▶ 백1의 마늘모가 재미있는 맥. 이 수로 선수이다 싶어 먼저 3으로 젖히는 것은 흑1의 받음으로 별무 효과. 백7까지 보다시피 귀의 흑집은 사라지고 만다.

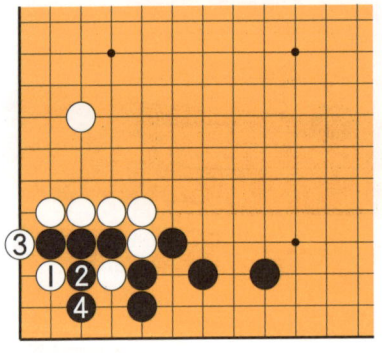

1도

1도 백1의 껴붙임은 속수의 본보기. 흑4까지 되면 선수라 해도 백의 끝내기 부족. 백3으로써 4는 흑3의 '버티기'로써 패가 됨을 확인해 보기 바란다.

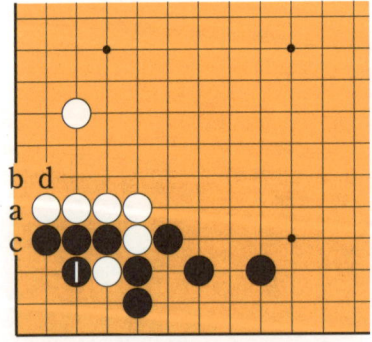

2도

2도 흑1이 맛좋은 손질로서 후수 18집의 끝내기이다. 이다음 흑a, 백b, 흑c, 백d의 젖혀이음이 흑의 권리가 되므로 정해도와의 차이를 주목해 보기 바란다.

문제도

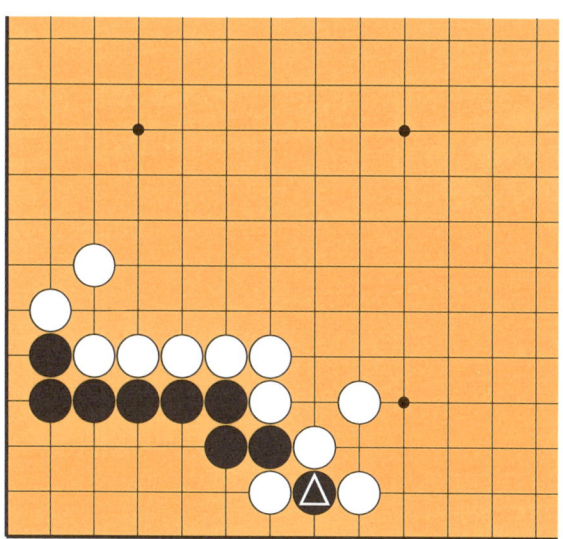

귀의 흑집에 대해 어떻게 끝내기하느냐가 테마이다. ▲의 한 점을
잡고 있는 것이 맹점이라서 상당한 실력의 소유자라도 자칫 정맥을
놓치기 십상이다.

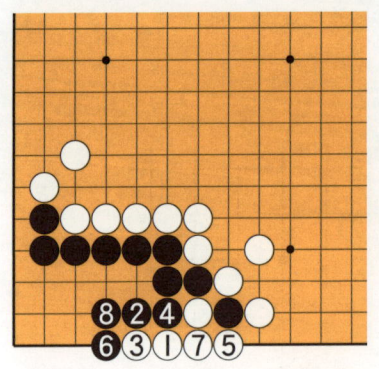

정해도

정해

▶ 백1의 마늘모가 재미있는 맥으로 끝내기에서도 응용이 넓다. 흑2로 늦출 수밖에 없으며, 이하 8까지 선수로 흑집이 상당히 줄었다.

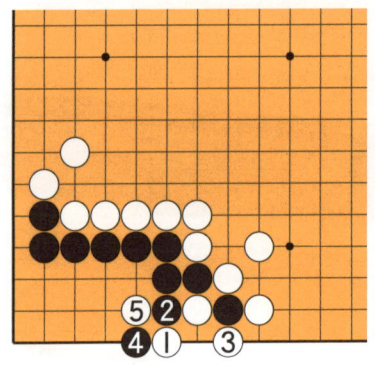

1도

1도 백1에 대해 흑2, 4로 직접 막는 것은 위험하다. 백5로 끊겨 꽃놀이패가 된다면 큰 일. 패에 지면 흑 전체가 위험하다.

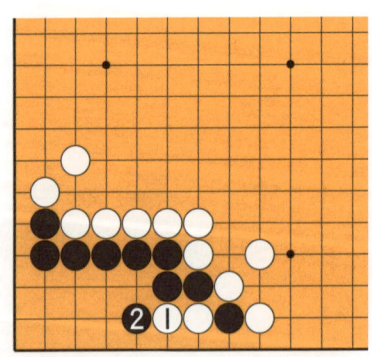

2도

2도 평범하게 백1로 기는 것은 흑2로 막아서 묘미가 생겨나지 않는다. 정해도에 비해 2집의 차이가 생기므로 미세한 바둑에서는 승패에 직결된다.

문제도

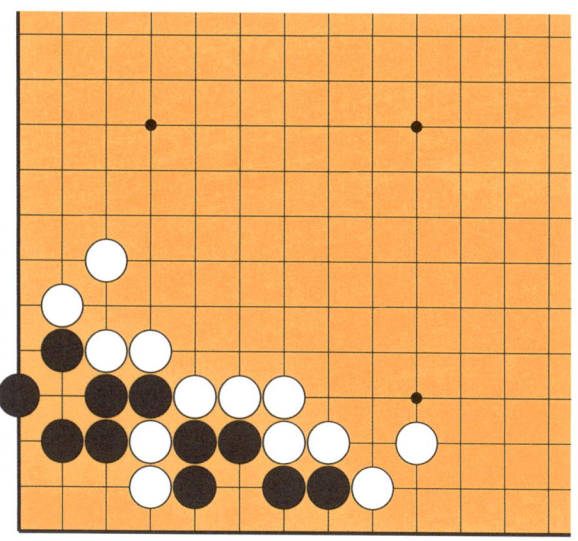

테스트 13   백선

잡혀 있는 백 두 점을 활용하여 어떻게 끝내기하는 게 최선인지 생각한다. 정맥에 밝음이 있나 없나로 이 좁은 곳에서도 4집의 차이가 생긴다.

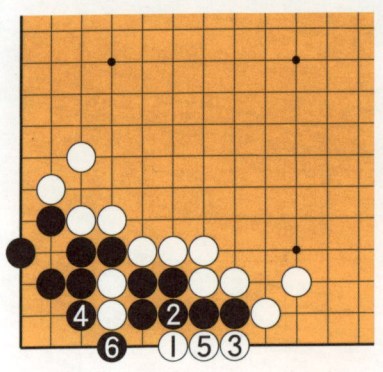

정해도

정해

▶ 백1의 치중이 교묘한 맥. 흑2의 이음이라면 이하 6까지 '외길'인데, 이는 백의 권리가 되는 끝내기 수순이므로 꼭 기억해 두기 바란다.

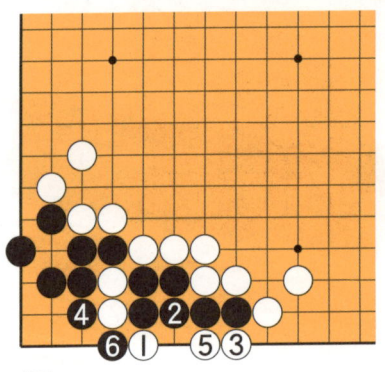

1도

1도 백1로 젖히고 싶은 곳이지만 끝내기로서 정수가 아니다. 백3, 5를 선수로 둘 수는 있지만, 백은 앞 그림보다 2집 손해.

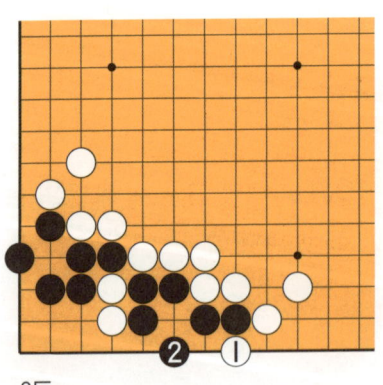

2도

2도 단순히 백1로 젖히는 것은 실격으로서 흑2로 눈을 갖는 받음이 호수. 백 두 점이 손질없이 잡혀서는 문제밖. 백은 **정해도**에 비해 4집 손해나 된다.

문제도

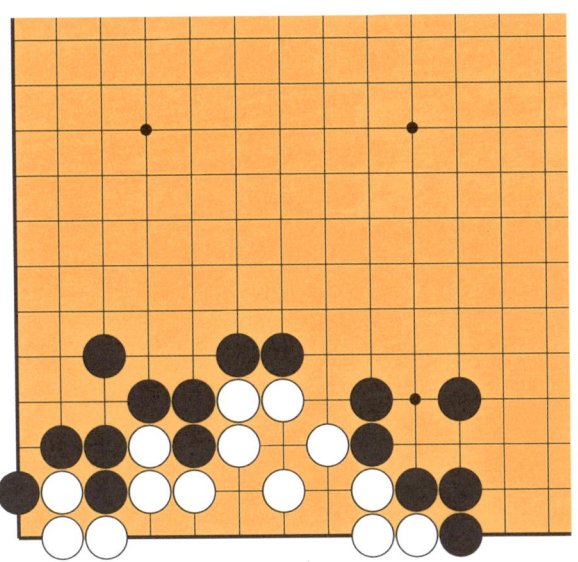

테스트 14 흑선

'바둑의 승패는 종반에 있다' 할 만큼 끝내기의 테크닉은 크게 영향을 준다. 흑에겐 선수 1집의 끝내기가 있는데 알면 쉬운 문제이다.

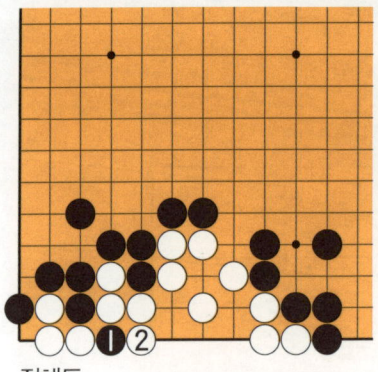

정해도

정해

▶ 수에 어둡다면 이대로 넘어가고 말 케이스. 흑1로 먹여쳐서 백2의 따냄과 교환한 상태로서 선수 1집의 끝내기.

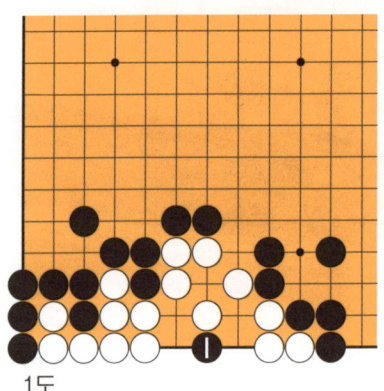

1도

1도 앞 그림을 두어 놓으면 종국이 되어 공배가 메워졌을 때 흑1로 붙이는 수가 생긴다. 따라서 백은 1의 손질이 필요하므로 바로 그것 때문에 1집 끝내기가 되는 셈이다.

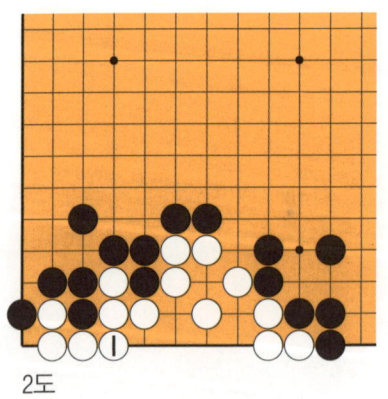

2도

2도 앞 그림의 수단을 모르면 백1로 두어 '역끝내기' 1집이 된다. 따라서 흑은 좋은 기회에 1로 두어 선수 1집을 차지하는 게 중요하다.

문제도

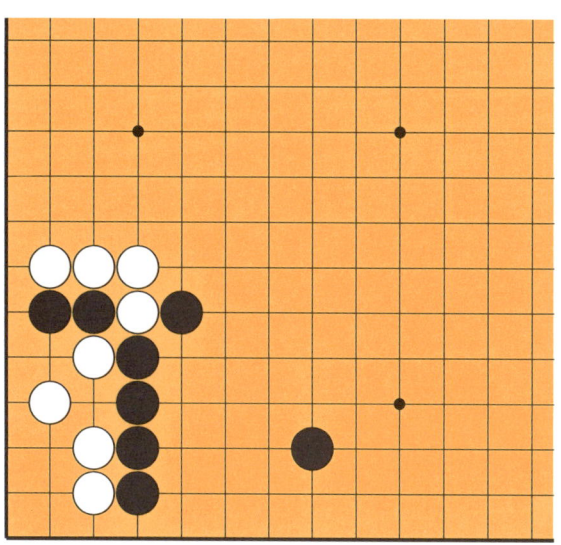

실전에서 흔히 생기는 모양인데 섬세한 수순이 위력을 발휘한다. 미세한 바둑에서 3집 손해라면 형세 만회가 어렵다. 과연 어떻게 끝내기할까?

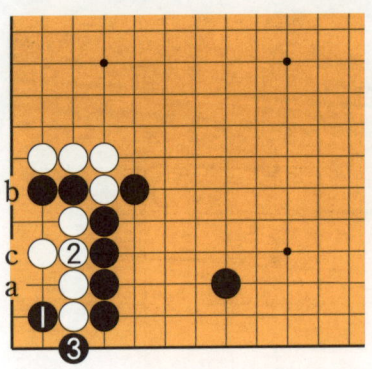

정해도

정해

▶ 단지 흑1로 붙이는 게 정수. 백2의 이음을 강요한 다음 흑3으로 건너가는 끝내기가 크며, 나중에 흑a, 백b, 흑c를 남기는 점에 가치가 있다.

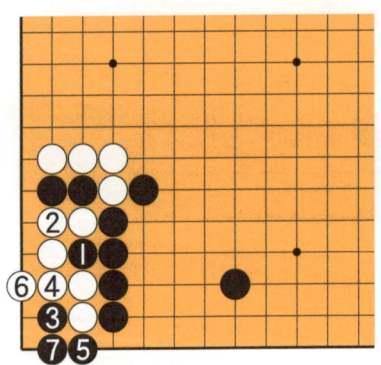

1도

1도 흑1, 3은 알기 쉽지만 이것은 수순의 실패. 7의 곳을 노린 백6의 선수로 흑7의 이음까지. 흑은 앞 그림보다 3집쯤 손해를 본다.

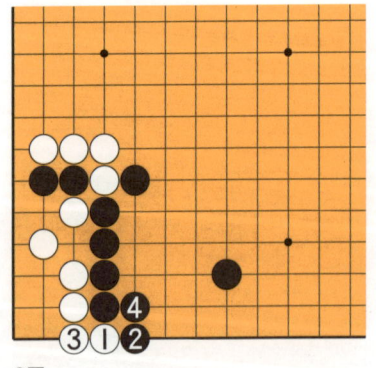

2도

2도 거꾸로 백1, 3으로 젖혀 이어 두면 **정해도**와의 차이는 약 12집. 실전에서 선수 12집의 끝내기를 두세 곳 둔다면 바둑은 곧 승리라고 말할 수 있을 것이다.

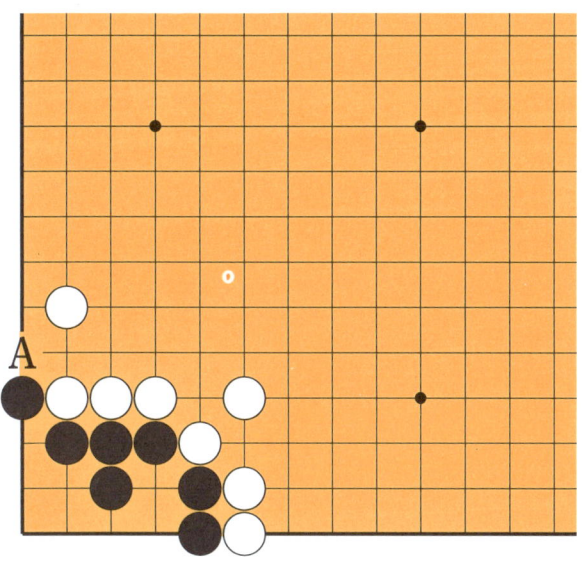

문제도

평범하게 백A로 막는다면 묘미는 생기지 않는다. 흑집 속에서 묘
수가 성립하는 것인데, 한번 잘 생각해 보기 바란다.

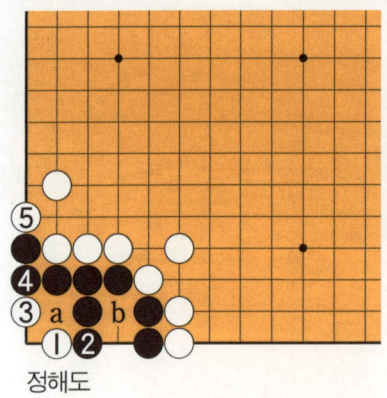

정해도

▶ 백1로 '2의 一'에 치중하는 게 훌륭한 정맥. 흑은 2로 막을 수밖에 없고, 그때 백3이 1과 관련된 호수로 '빅'. 백5 다음 흑a면 백b이다.

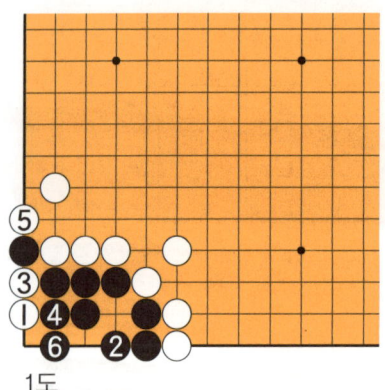

1도

1도 백1로 먼저 들여다보는 것은 흑2로 눈을 갖는 선택을 준다. 흑6까지 2집의 흑집은 생기지만 그 대신 백에게 선수가 넘어가므로, 흑도 형세를 따져보고 처리한다.

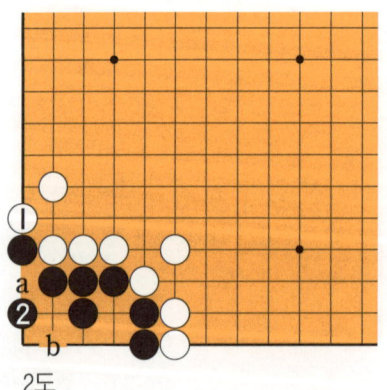

2도

2도 이런 모양에서 주의할 점은 백1로 막으면 흑2의 마늘모로 응수하는 맥이 포인트라는 점이다. 흑2로 a는 백b로써 정해도로 환원된다.

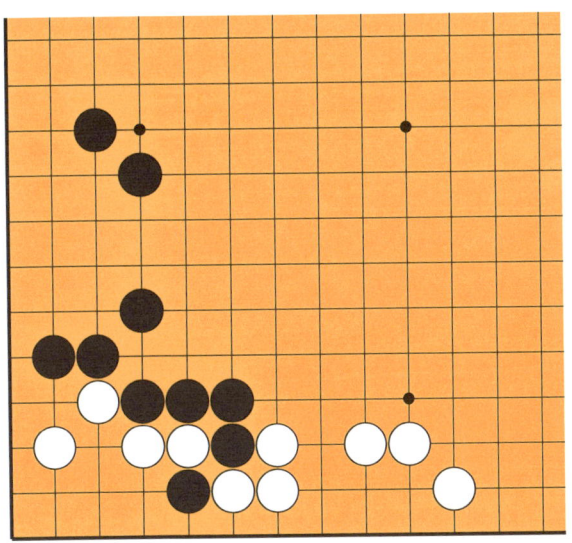

테스트 17　흑선

잡혀 있는 한 점을 활용하여 교묘히 끝내기하는 방법을 연구해 보기 바란다.

백의 모양은 어디가 약점인가, 빠르게 파악하는 눈이 중요하다.

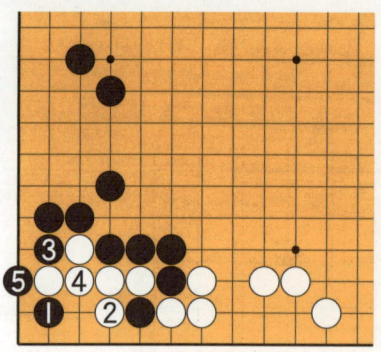

정해도

▶ 흑1에 붙이는 게 호수. 백2로 잡으면 흑3, 5로 건너가 목적 달성. 백2로써 3 또는 5는 흑2가 성립한다.

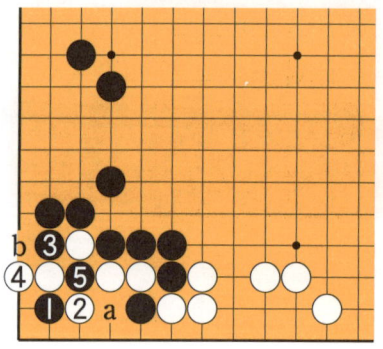

1도

1도 흑1에 백2, 4로 버티는 것은 흑5로써 패가 된다. 다음에 백a, 흑b의 패인데 이것은 흑의 '꽃놀이패'이므로 백의 손실이 더욱 커진다.

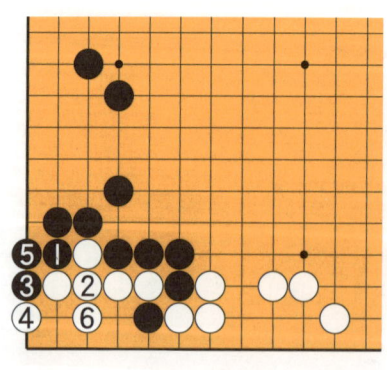

2도

2도 흑1로 단수하는 것은 아무 맛도 없으며, 모처럼의 기회인데 흑3, 5로 젖혀이음밖에 못한다. 정해도와의 차이는 크다고 하겠다.

문제도

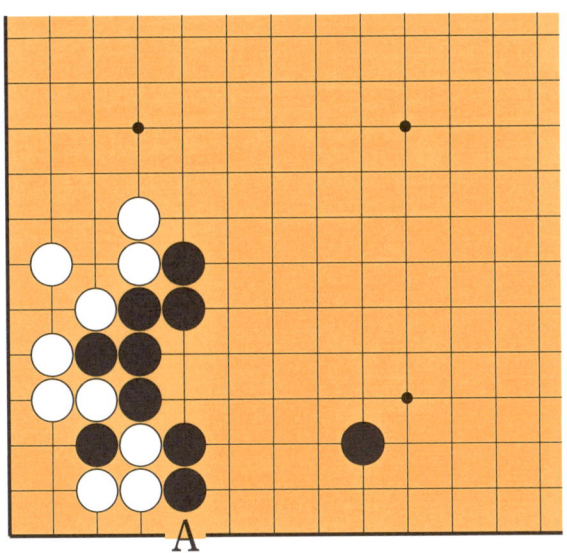

A

화점의 붙여뻗기 정석인데, 여러분은 백A의 젖혀이음이 백의 권리라고 생각하지는 않는가?

그렇다면 A쪽을 흑이 선수로 끝내기하는 방법은 없을까?

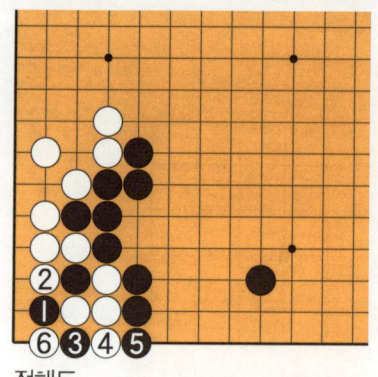

정해도

정해

▶ 주제에서 벗어난 듯한 흑 1의 젖힘이 정맥으로, 기민한 끝내기. 백2엔 흑3이 관련된 수법으로, 다음 5의 막음이 선수가 된다. 버림돌 활용에 주목.

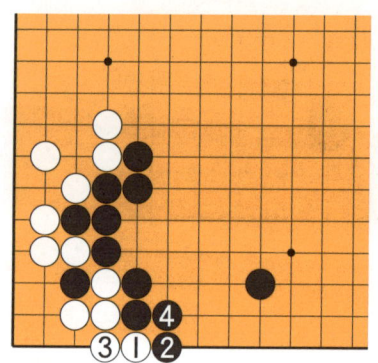

1도

1도 백부터 둔다면 1, 3의 젖혀이음이 선수. 이 곳은 '양 선수'의 의미가 있으므로 크다. 앞 그림에 비해 2집의 차이가 생기는 것이다.

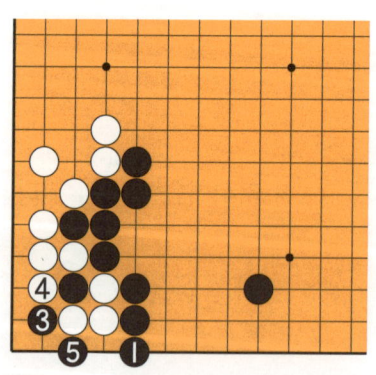

2도

2도 흑1의 단순한 내려섬은 후수로 속도가 늦는다. 이에 대해 백의 손뺌이면 흑3, 5의 끝내기가 7집이 되지만, 두 번이나 후수가 되므로 이곳은 **정해도**의 선수를 중시해야 할 것이다.

문제도

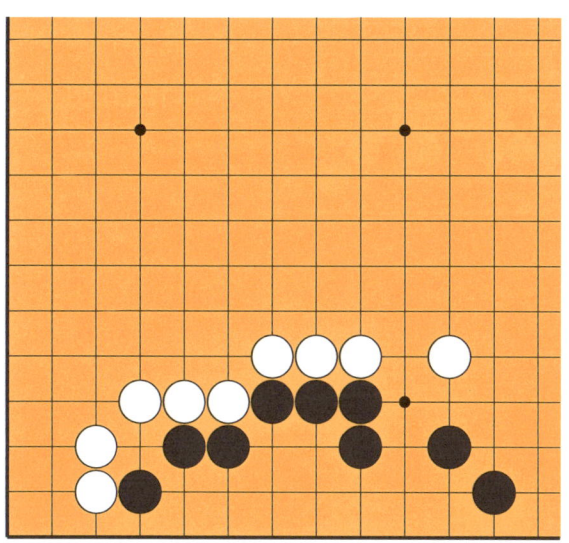

백부터 교묘한 끝내기가 있는데 어떻게 두면 좋을까? 이런 끝내기를 실전에서 둘 수 있게 되면 아마 유단자라고 해도 좋을 것이다.

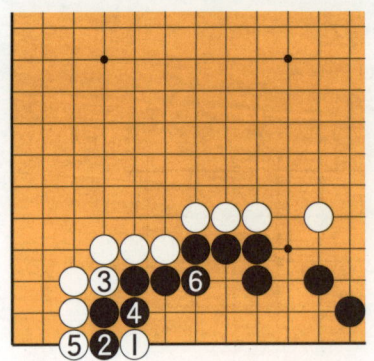

정해도

정해

▶ 백1의 치중이 날카로운 끝내기의 맥. 흑2와 교환한 다음 백3, 5의 선수가 포인트, 백의 선수 2집 이득이다.

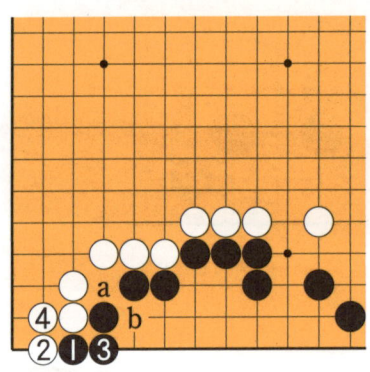

1도

1도 흑1, 3이 선수가 되므로 이것을 방지한 정답의 궁리가 큰 끝내기인 것이다. 백a, 흑b로서 **정해도**에 비해 이번엔 흑의 선수 2집 이득이다.

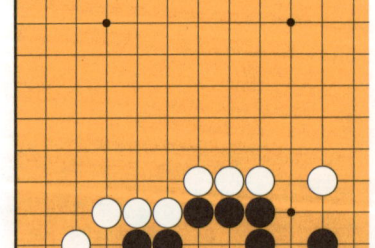

2도

2도 백1의 젖힘은 흑2, 백3으로 백의 후수이다. **정해도**의 교묘한 끝내기를 맛보아 주기 바란다.

문제도

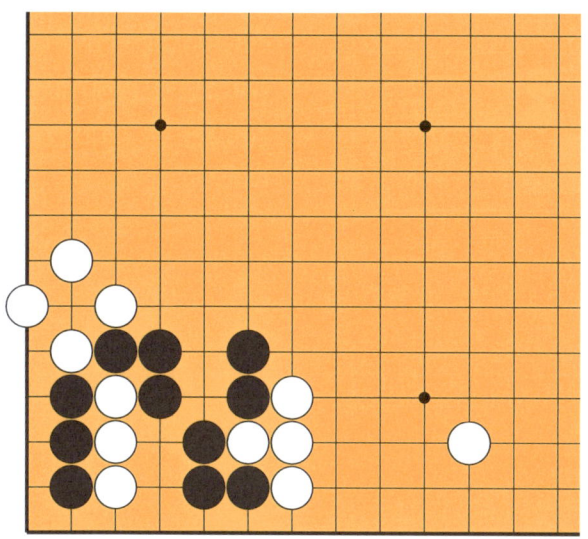

테스트 20 　백선

　잡혀 있는 백 석 점을 활용하여 능숙한 끝내기를 생각한다. 언뜻
보아 모양의 급소를 알 수 있게 되면 상당한 실력이다. 어디가 끝내
기의 맥일까?

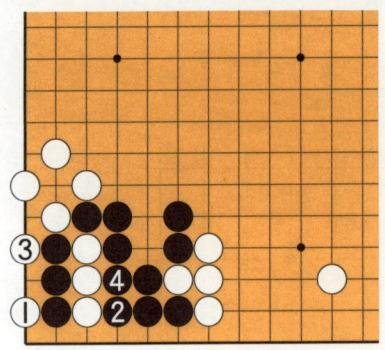

정해도

▶ 백1로 붙여 석 점의 활용을 꾀하는 게 교묘한 맥. 흑2와 교환한 다음 백3의 젖힘까지, 1도에 비해 백의 선수 6집이라는 큰 끝내기가 된다.

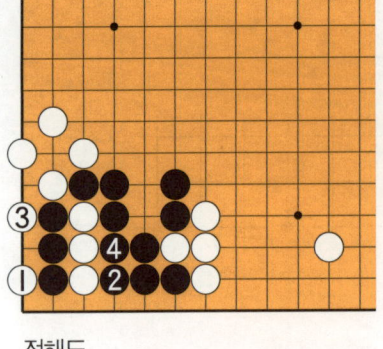

1도

1도 흑이 먼저 두면 1로 꼬부린 다음 백2, 흑3으로써 일단락. 흑은 이대로 백 석 점이 잡히므로, 흑의 후수 6집의 크기이다.

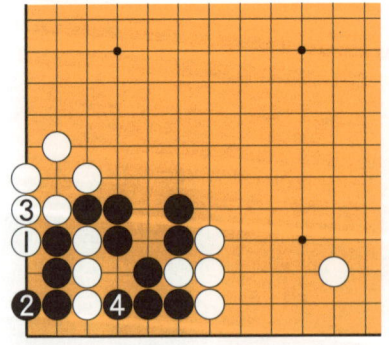

2도

2도 백1의 평범한 젖힘은 흑2에 받는 것이 맥으로, 역시 이 귀는 '2의 —'이 급소인 것이다. 흑은 **정해도**에 비해 3집 이득.

148

문제도

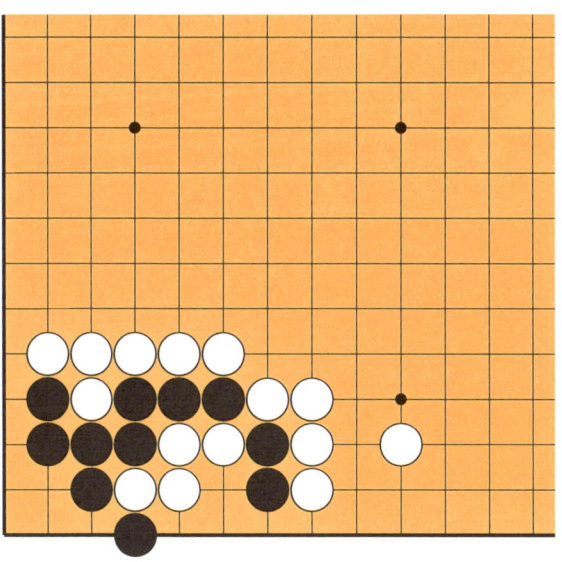

　백 넉 점을 잡기만 하면 되는 것인데 그 잡는 방법이 문제. 어떻게 잡으면 가장 유리할까? 그리 어렵잖은 정맥이 있다.

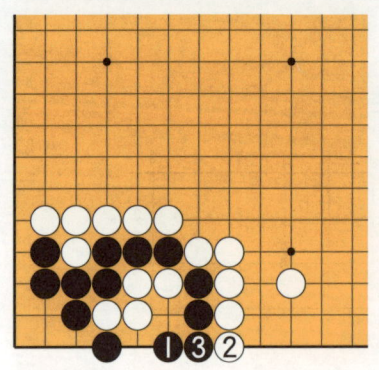

정해도

▶ 흑1의 마늘모가 급소 실전에서 잘 생기는 모양이므로 꼭 기억할 '잡는 법'의 맥. 백2엔 흑3으로서 이대로 백 넉 점을 잡고 있다.

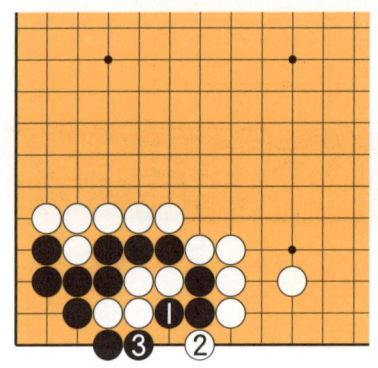

1도

1도 평범하게 백1로 단수하는 것은 물론 백2의 젖힘이 선수이다. 흑3으로 넉 점을 따낸 모양은 **정해도**에 비해 흑의 2집 손해.

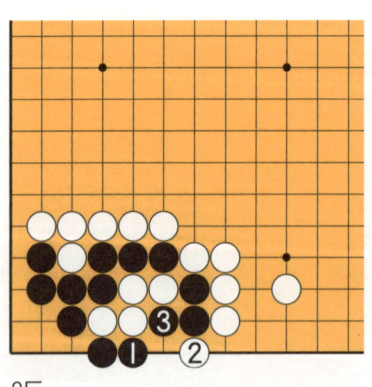

2도

2도 흑1의 잡는 법도 백2가 선수이므로 앞 그림과 같다. **정해도**의 맥은 간단한 것 같지만 막상 실전에서는 깜빡할지도 모르겠다.

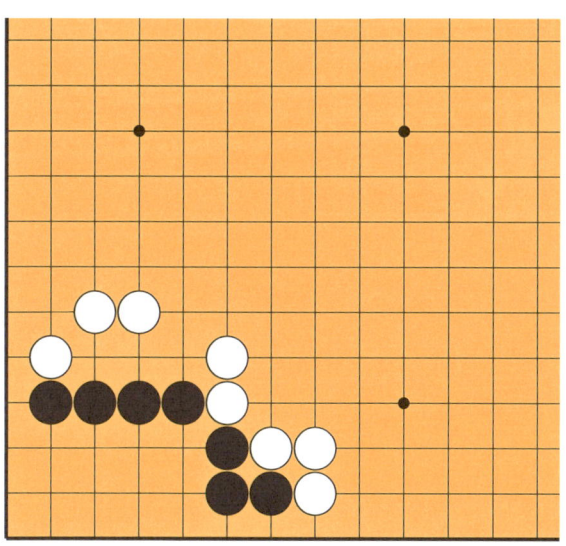

문제도

테스트 22   백선

끝내기는 약간의 생각으로 1집, 2집이 왔다갔다 한다. 이런 귀에 대해 끝내기하는 데도 맥의 움직임이 효과를 발휘한다.

이 모양에서 잘 연구한 그 한 수는 어디일까?

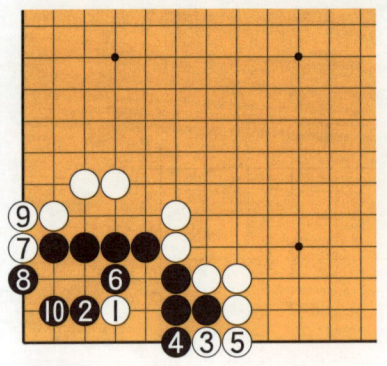

정해도

정해

▶ 백1의 치중이 잘 연구한 수로 끝내기의 맥이다. 흑2를 기다려 백3, 5를 결정한 다음 7, 9로 끝내기한다. 백3, 5의 선수로 젖혀 둔 것이 효과.

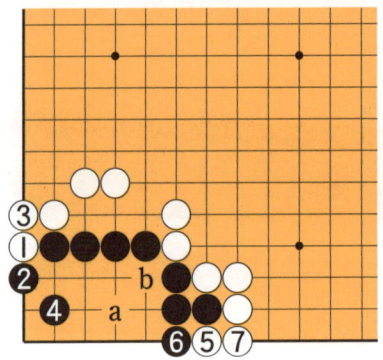

1도

1도 백1을 먼저 두면 백5, 7은 선수로 두지 못하는 게 포인트. 다음 백a는 흑b로 불발. 흑집 13집이므로 백으로선 **정해도**보다 한 수 차이와 1집의 손해인 결과이다.

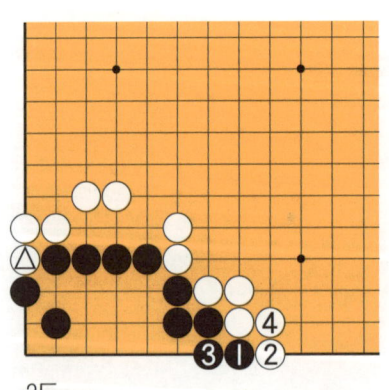

2도

2도 △를 먼저 둔 실패로 인해 거꾸로 흑1을 선수할 공산이 크다. **정해도**에 비해 흑집은 14집으로 2집 증가, 백집은 2집 감소로 차이는 4집이나 벌어진다.

4

끝내기의
득실 관계와
계산 방법

문제도

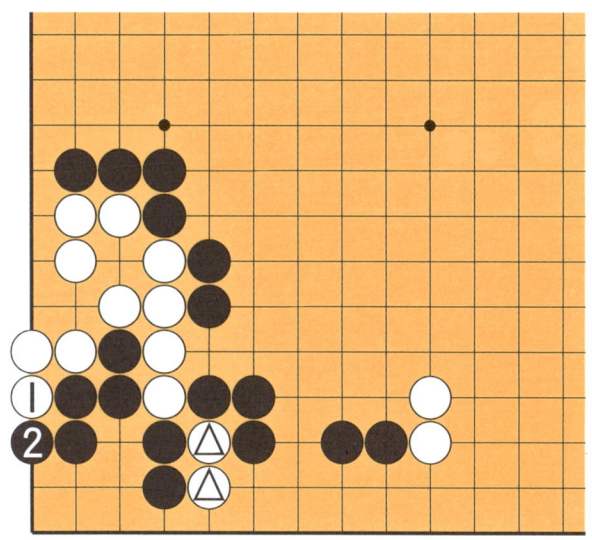

테스트 1　득실　▶　백선

백1, 흑2로 끝내기했다면 아무런 묘미도 나타나지 않는다. △의 맛을 보며 약간의 연구가 끝내기의 위력을 발휘한다.

그럼, 백1로는 어디에 두어야 할까?

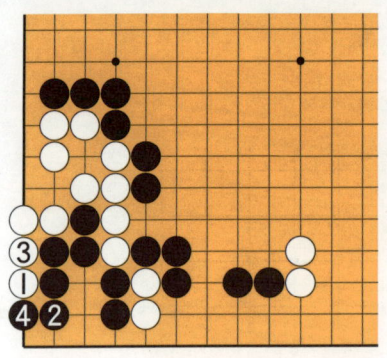

정해도

정해

▶ 백 두 점의 맛을 노려 1로 뛰어 붙이는 게 맥. 흑2로 늦출 수밖에 없고 다음 백3, 흑4인데 [문제도]보다 백의 2집 이득.

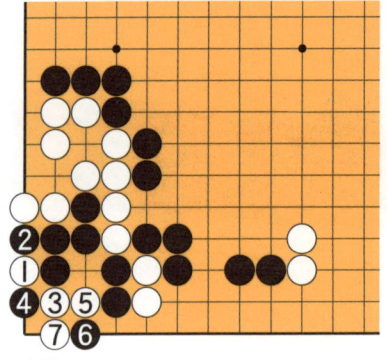

1도

1도 흑2로 가로막는 수는 없다. 백3, 5가 흑의 집을 파호하는 수단으로 백7까지 흑의 괴멸. 연구의 효과이다.

2도

2도 흑2의 막음도 백3의 끊음이 날카로운 수라서 실패. 흑4로써 5는 백a로 앞 그림과 같아진다. 백1의 맥이 빛나는 한 수란 점을 알 수 있을 것이다.

문제도

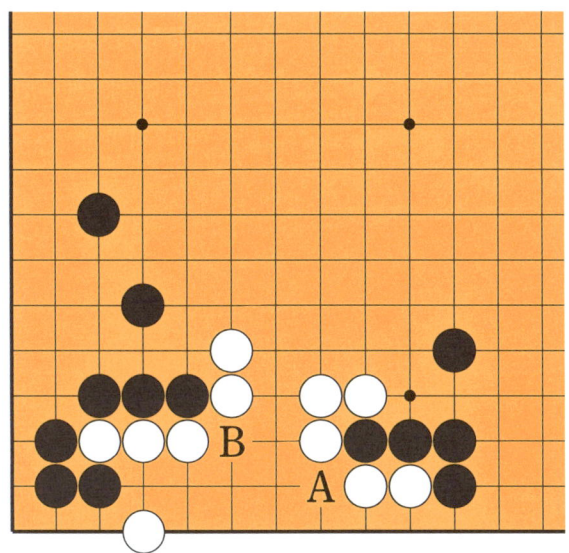

테스트 2 득실 ▶ 흑선

　백의 모양에서 A, B의 약점을 찌르는 것인데, 연속 수순의 조합이
결정타가 된다. 백집을 깨는 당신의 제1감은 어디일까?

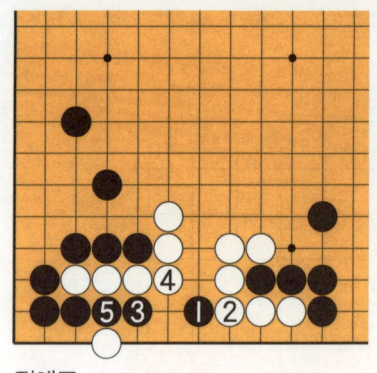

정해도

정해

▶ 흑1의 치중이 급소. 백2
의 이음과 교환한 다음 흑3의
뛰어붙임이 조금 발견하기 힘
든 정맥. 백4엔 흑5로 백집을
크게 파괴한다.

1도

1도 흑1, 3의 연타에 대해
백4로 잇는 것은 흑5의 끊음이
성립되어, 이 수상전은 흑의 한
수 승리가 된다. 연결이 부실
한 곳을 찌른 정맥의 조화가
역시 빛난다.

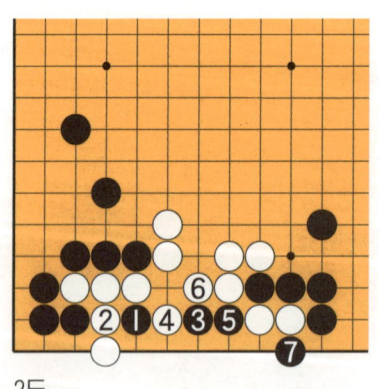

2도

2도 흑1의 붙임을 먼저 두
는 것은 백2로 이어 변화의 여
지를 남긴다. 다음에 흑3의 들
여다보는 수에는 백4, 6으로 두
점을 버리고 두어도 **정해도**보
단 월등하다.

문제도

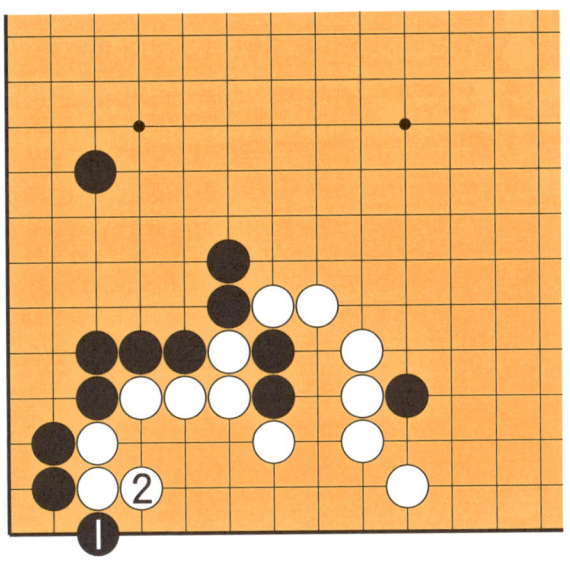

흑1의 젖힘에 대해 백2로 보통대로 버티며 받은 것은 문제이다. 흑은 직감적으로 백의 맛이 나쁨을 꿰뚫어보지만, 어떻게 끝내기하는 게 정맥일까?

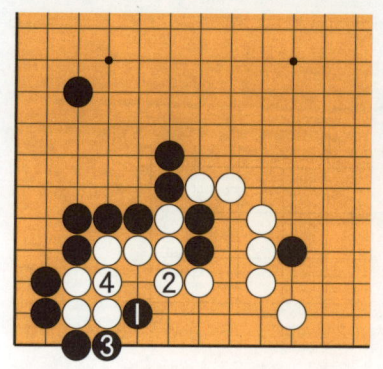

정해도

▶ 흑1의 '코붙임'이 정맥이다. 백2로 이을 수밖에 없으므로 흑3의 선수로 건너간다. 앗하는 사이에 백집이 크게 부서졌음을 알 수 있다.

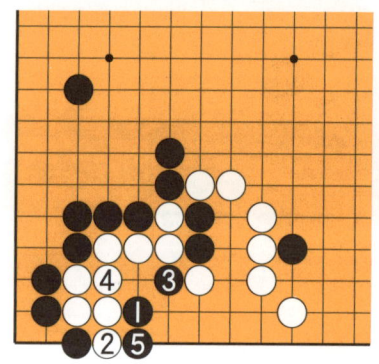

1도

1도 흑1에 대해 백2로 가로막는 수는 없다. 흑3으로 끊겨 백4에 이을 때 흑5가 되면 백의 괴멸인데, 맛의 나쁨이 파멸의 근원.

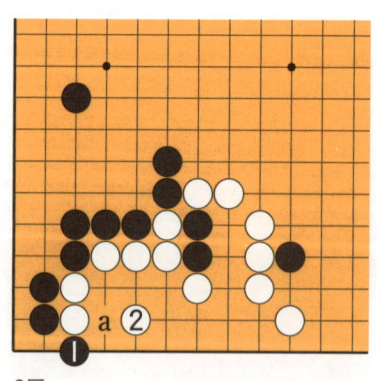

2도

2도 [문제도]는 흑1의 젖힘에 백a로 욕심을 내어 수단이 생겼다. 백2의 한 칸 뜀으로 받는 게 정수. 바둑은 1칸의 차이가 명암을 가르는 법이다.

문제도

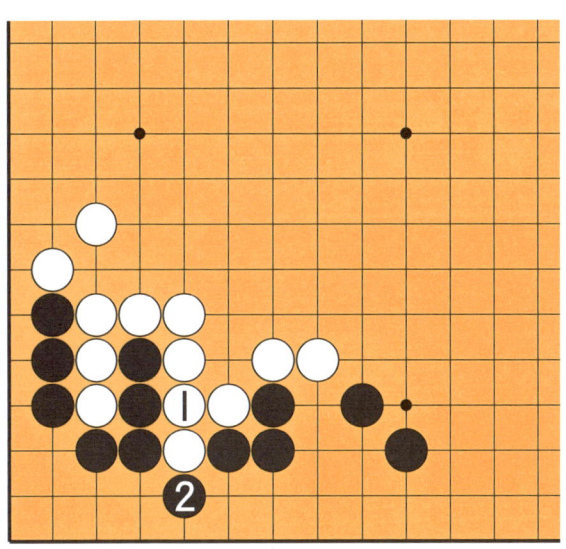

끝내기의 맥은 쉬운 것부터 고도의 것까지 여러 가지인데, 이 문제는 고도의 것에 속한다. 백1, 흑2로 결정하는 것은 최저. 그렇다면 백1로 흑집을 깨는 맥은 어디일까?

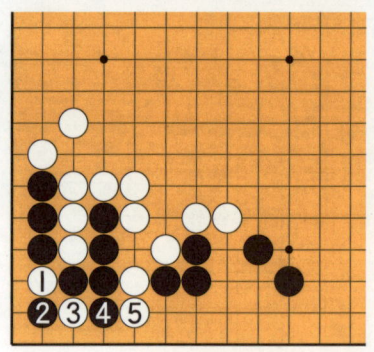

정해도

정해

▶ 일단 백1로 끊는 것이 멋진 정맥. 흑2일 때 백3의 절묘한 끊음이 연관된 맥. 흑4로 받을 수밖에 없으므로 백5로 흑진을 돌파한다.

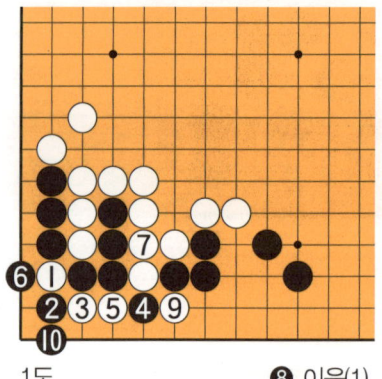

1도   ❽ 이음(1)

1도 백3은 흑의 파호를 노린 맥. 흑4로 응수하면 백5가 성립되어 흑진을 대파한다. 흑10까지는 반괴멸이라 해도 좋을 것이다.

2도 흑2로 늦춘다면 백3 이하 9까지를 준비하고 있다. 다음에 흑a는 백b의 버림돌에 의해 수상전에서 백의 1수 승리.

2도

문제도

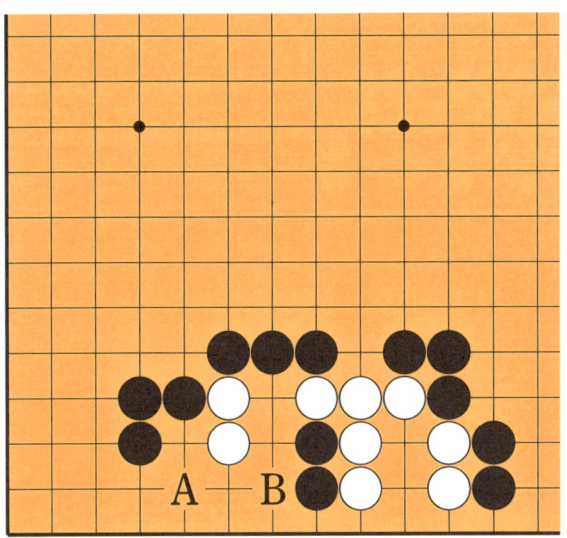

흑A로 끝내기하는 것은 백B로써 그만이다. 흑은 두 점을 구출하기만 하면 이 백을 잡을 수 있다.

제1감의 급소를 발견해 주기 바란다.

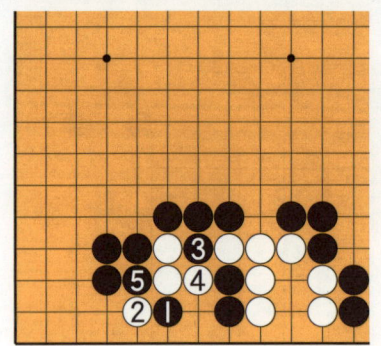

정해도

▶ 흑1의 붙임이 날카로운 맥. 백2라면 흑3으로 나가는 수순으로 해결된다.

백2로는 달리 어느 곳에 두어도 살지 못한다.

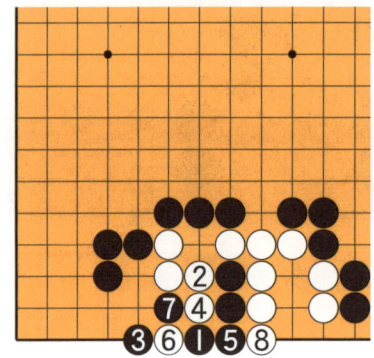

1도

1도 흑1의 마늘모부터 3의 뜀은 맥점같아 보이지만 백6의 먹여침이 있어 실패. 백8부터 몰아떨구기이다.

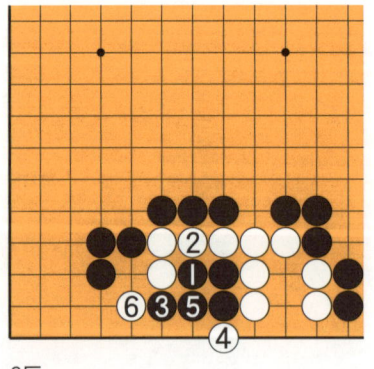

2도

2도 흑1은 '속맥'이라 실패. 정해도 흑1의 붙임 이외에는 잘 되지 않는다. 맥과 수순에 유의하도록.

164

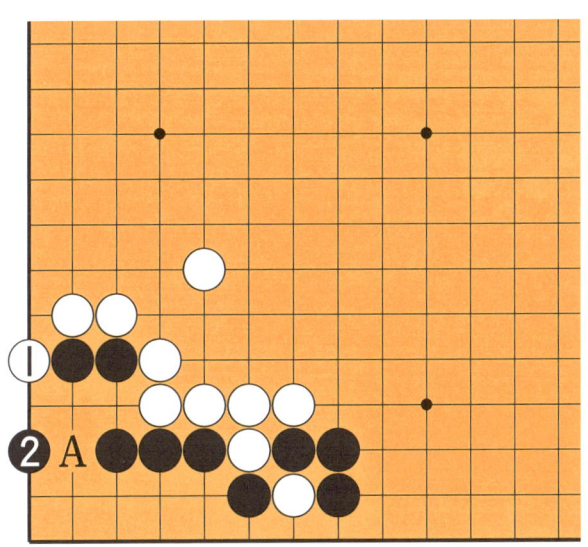

문제도

백1의 젖힘에 흑2의 뜀은 모양을 갖춘 것처럼 보이나 문제. 이 형태에선 A의 곳으로 받는 게 모양이다.

흑의 '거짓수'를 질책하는 끝내기의 요령은?

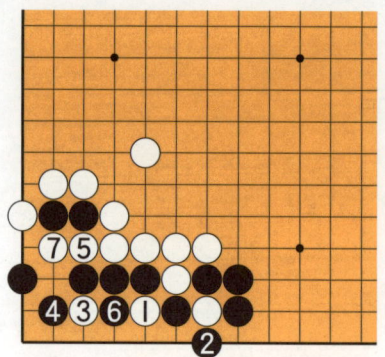

정해도

정해

▶ 백1로 끊은 다음 3의 붙임이 묘수. 흑4라면 백5로 나가는 게 좋은 수순으로 흑은 두 점을 버릴 수밖에 없는 모양이다. 백7까지 대성공.

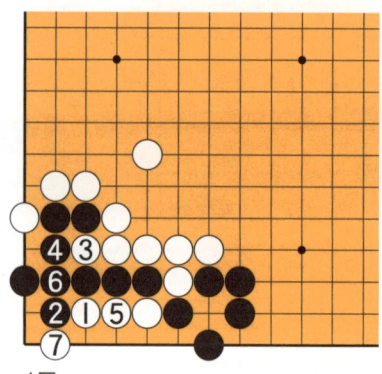

1도

1도 백1, 3일 때 흑4로 두점을 살리는 것은 백5의 단수부터 7로써 큰 패가 난다. 백의 '꽃놀이패'이므로 정해도가 온당할 것이다.

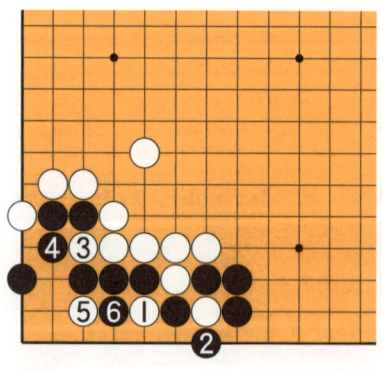

2도

2도 백3의 단수를 먼저 하면 흑4로 받는 게 성립되어 실패. 백5엔 흑6으로서 수단이 생기지 않으므로, 수순 전후에 대해 주의하도록.

166

문제도

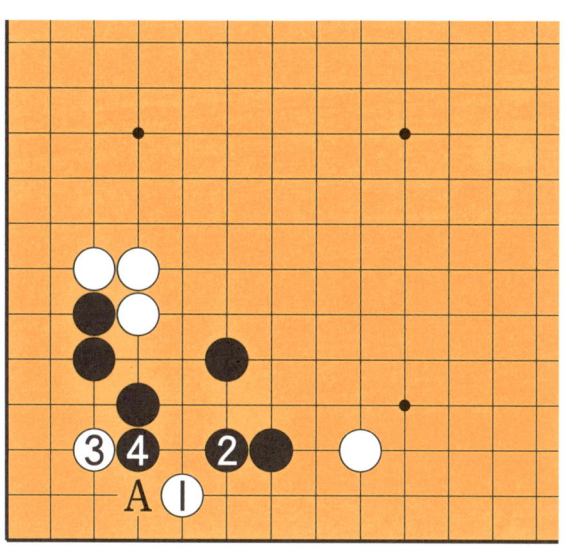

　실전에도 생기는 모양. 귀에서 백1, 3으로 수단을 부려 왔다. 흑4에 대해 백A로 받아서 살 수 없다면 백의 수들은 '몽땅' 손해가 될 것이다. 그렇다면 여기서 어떻게 살아야 할까?

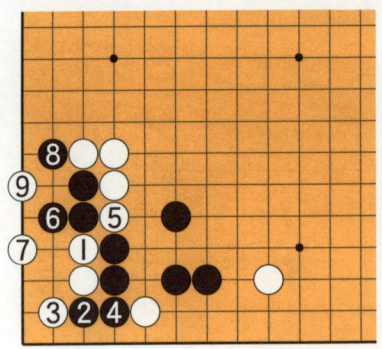

정해도

정해

▶ 백1로 '끊는' 노림이 호수
순으로 흑2, 4엔 백5로 끊어 수
상전에서 이길 수 있다. 백7, 9
의 정맥을 맛보도록 하기 바
란다.

흑2로써 5는 백4로 물론 삶.

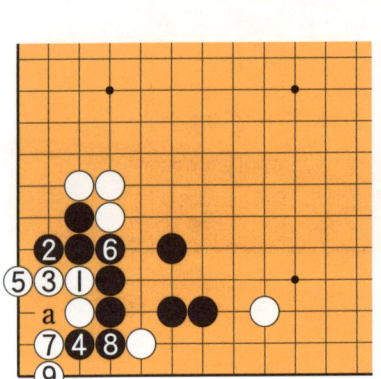

1도

1도 흑2로 먼저 오면 백3
이 호수. 흑4엔 백5가 급소이
며 이하 9까지로 삶인데 물론
백의 성공. 백3으로써 8의 건
너감은 흑a의 붙임으로 백의
죽음. 백1, 3이 수순이었다.

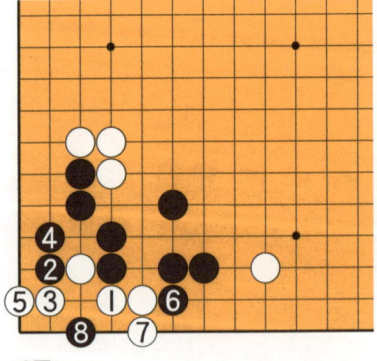

2도

2도 순순히 백1로 받는 것
은 흑2, 4의 붙여뻗음이 호수
가 된다. 이런 백은 아무래도
살 수 없는데, 흑8까지로 백의
죽음이다. 귀에서 생기는 '기본
사활'이므로 알아두도록.

문제도

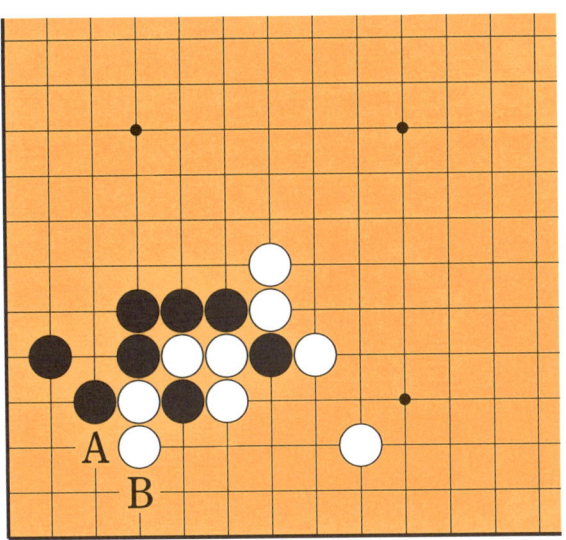

실전에서 생기는 모양이므로 맥의 요령을 안다면 응용이 넓다.

단순히 흑A는 백B로서 너무 평범하다. 그럼 끝내기의 정맥은 어디일까?

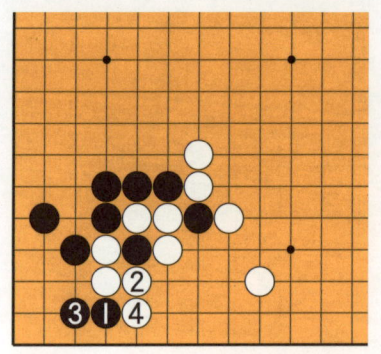

정해도

▶ 흑1이 '코붙임'이라 하는 재미있는 맥으로서 미세한 형세라면 결판이 난다. 백2로 잡으면 흑3에 느는 것까지 선수이다.

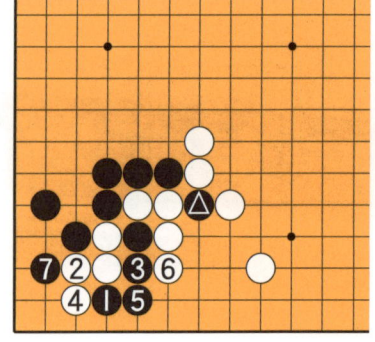

1도

1도 백2로 반격하는 수는 없다. 흑3 이하 7까지 백의 괴멸인데, ▲가 위력을 발휘하는 장면이다.

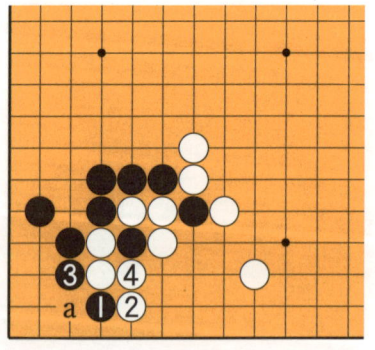

2도

2도 백2로 누른다면 흑3의 단수를 결정한 다음 다른 끝내기로 가겠다는 생각이다. 또는 흑a에 늘어 둔 다음 젖혀이음을 남기는 방법도 있겠다.

170

문제도

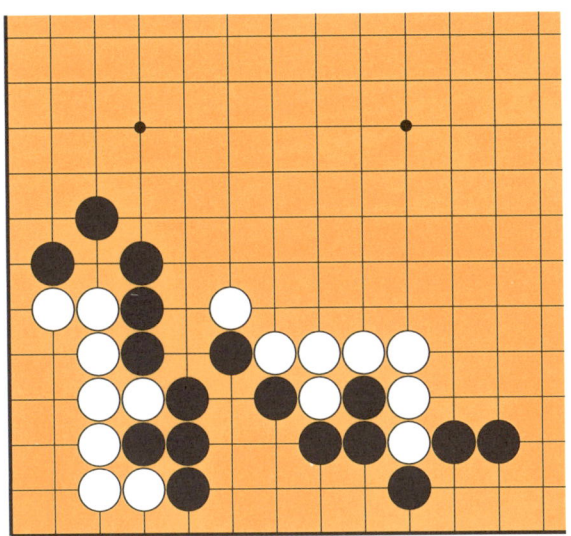

테스트 9   득실 ▶ 백선

  흑의 집 안에서 끝내기의 묘수가 생긴다. 수수는 약간 길지만 멋
진 수순으로 흑의 약점을 찔러 처리해 주기 바란다.

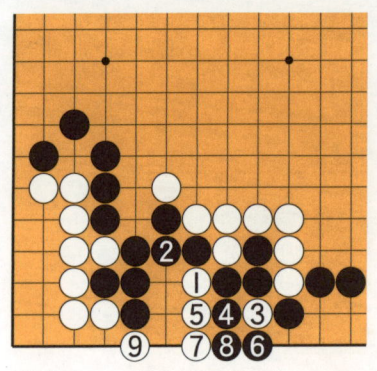

정해도

정해

▶ 백1의 단수부터 3으로 끊는 수순이 포인트. 다음은 일사천리의 진행이며 9까지로 건너간다. 후수 10집의 이득.

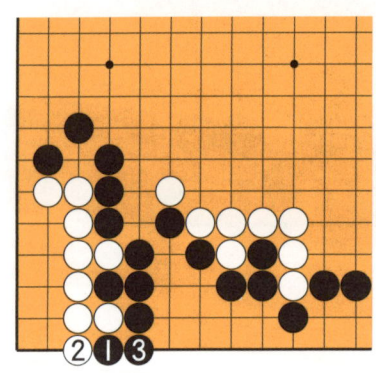

1도

1도 후수 10집의 끝내기는 흑1, 3의 젖혀이음으로 얻어진다. 앞 그림에 비해 흑집은 9집 증가, 백집은 2의 곳 1집 감소로 합계 10집.

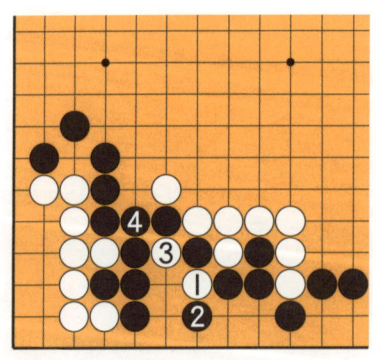

2도

2도 흑도 2로 참아 두는 정도일까? 그러면 정답에서 보는 집의 손실과 양단의 아픔은 없지만 백1, 3의 끝내기의 크기는 선수 5집 정도나 된다. 선택은 형세에 따라야 할 것이다.

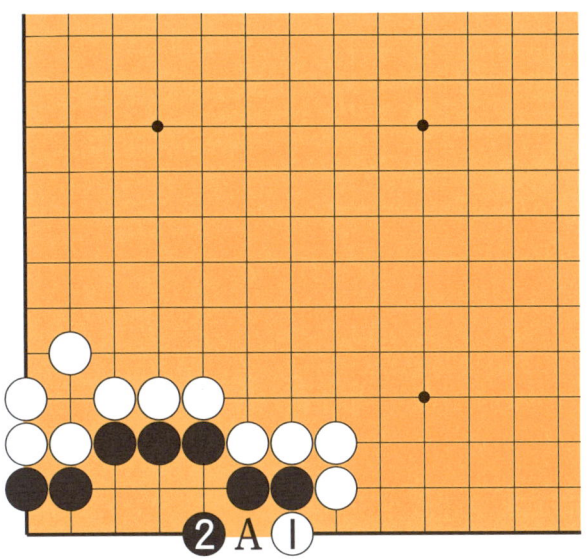

문제도

득실 ▶ 백선

귀에서 사활에 관계되는 끝내기가 위력을 발휘한다. 백1의 젖힘은 최선의 수순을 다하고 있지 않다.

흑2의 호구 이음도 A의 곳을 잃어 손해. 그럼 쌍방의 정수는 어디일까?

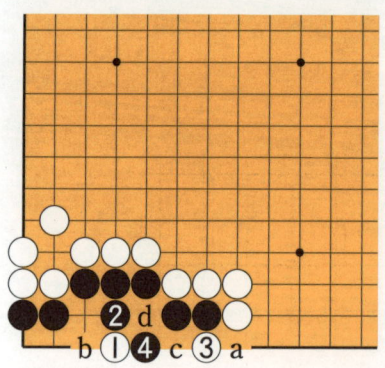

정해도

▶ 백1은 '중앙이 급소'라는 정맥. 흑2는 부득이하며 백3, 흑4로서 일단락. 나중에 백a, 흑b, 백c, 흑d로 가정하면 흑 집 5집이 정답.

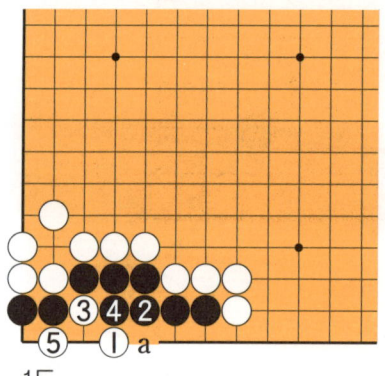

1도

1도 흑2로 응수하면 백3의 끊음이 성립되어 패가 난다. 흑 2로써 a의 받음은 백3, 흑2, 백 5로 흑의 죽음이다.

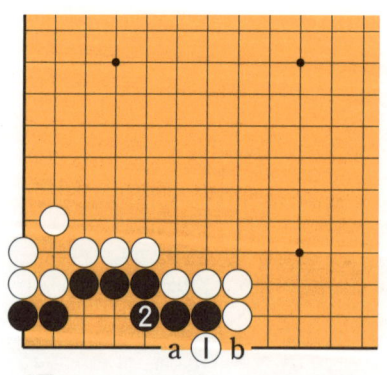

2도

2도 [문제도]의 백1엔 흑2 의 '꽉 이음'이 정수. 차후 흑 a의 막음이 선수가 되어 백b로 잇고 보면 흑집은 7집. **정해도** 에 비해 2집 차이가 생긴다.

174

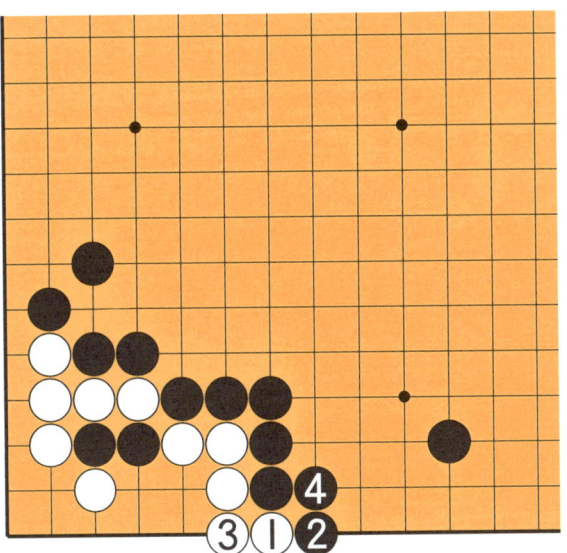

문제도

　백1, 3의 선수 젖혀이음은 당연한 것처럼 보이지만 실은 문제가 있는 수순이다.

　흑2의 누름으로 교묘한 끝내기의 맥을 생각해 보기 바란다.

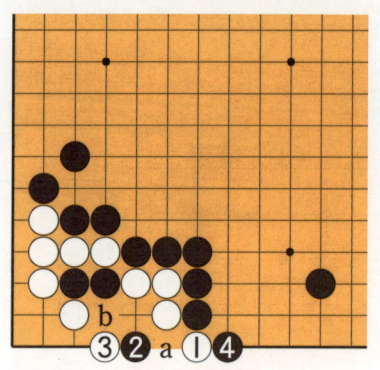

정해도

정해

▶ 백1로 젖혔을 때 흑2의 치중이 호수. 그런 다음 백3, 흑4가 되는 게 올바른 진행. 차후 흑a, 백b를 예상하면 [문제도]에 비해 흑은 6집 이득.

1도 흑2, 4는 [문제도]의 끝내기와 비교하여 6집 이득의 크기이지만, 만일 백5로 후수를 둔다면 흑은 선수를 얻어 크게 유리하다.

1도

2도 흑2에 백3으로 받는 것은 흑4로 나와 버려 백의 괴멸이다. 실전에서 흑2와 같은 섬세한 끝내기를 둘 수 있으면 실력이 인정될 것이다.

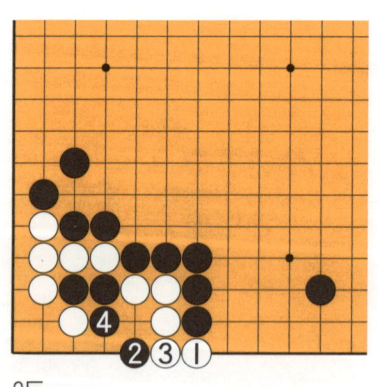

2도

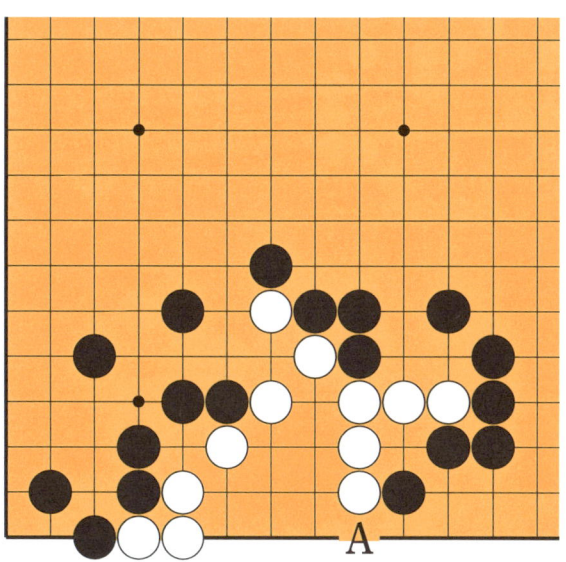

테스트 12 　득실 ▶ 흑선

하변의 백집은 백A로 내려서면 8집이 생긴다. 흑A로 젖혀 잇는 것은 묘미가 없는 끝내기 방법이므로 교묘한 맥을 휘둘러 크게 삭감해 보기 바란다.

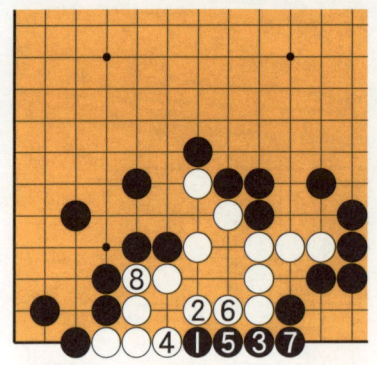

정해도

▶ 흑1의 치중이 날카로운 맥. 백2 이하 8까지는 필연으로, 백이 먼저 둘 때와 비교해 백집 4집의 차이. [문제도]의 백A에 내려서면 흑집이 1집 줄기 때문에 합계, 흑의 선수 5집 이득이다.

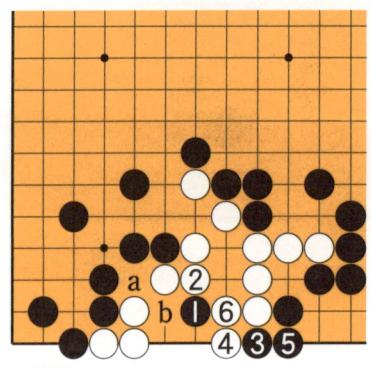

1도

1도 흑1의 치중으로 끝내기하는 것은 백2 이하 6까지 된다. 다음 흑a, 백b로 간주하여 **정해도**에 비하면 흑의 2집 손해이므로 정맥과의 차이에 주목하기 바란다.

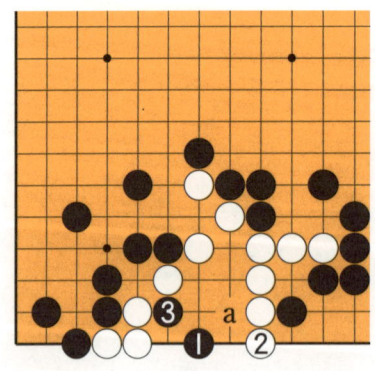

2도

2도 흑1에 대해 백2의 응수는 흑3의 마늘모 붙임이 성립되어 백의 괴멸. 백2로써 a의 곳에 받아도 마찬가지로 흑3이 급소.

문제도

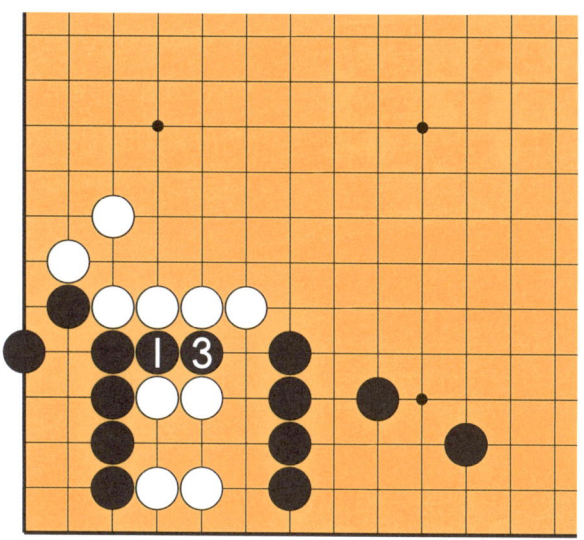

백은 부득이한 패싸움의 결과 흑1, 3을 허용하여 넉 점을 버리게 되었다.

이런 패싸움에 의한 바꿔치기로 흑은 몇 집 이득이 생겼는지 정확한 계산을 해주기 바란다.

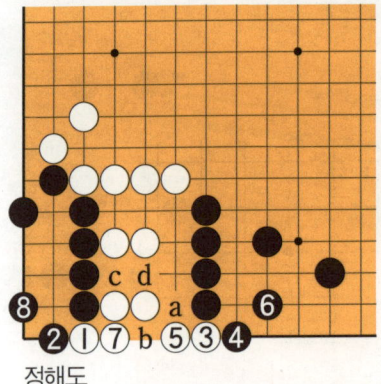

정해도

▶ 백이 패에 의해 잡히지 않았을 경우를 생각하면, 백1의 젖힘부터 3으로 붙이는 정맥이 있어 선수로 흑8까지의 끝내기가 성립. 확인삼아 흑a, 백b, 흑c, 백d까지 공배를 메우고서 계산해 보도록 한다.

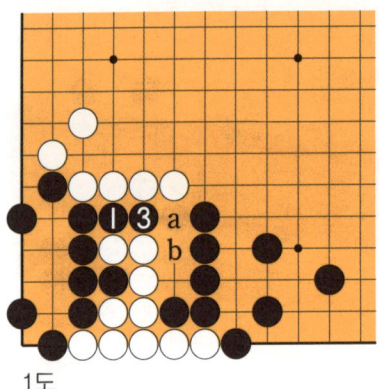

1도

1도 [문제도]는 패에 의한 흑1, 3의 바꿔치기에 의해 열 점의 백을 잡은 계산과 같다. 다음 백a, 흑b로 간주하여 흑은 21집의 이익을 올렸다고 계산할 수 있다.

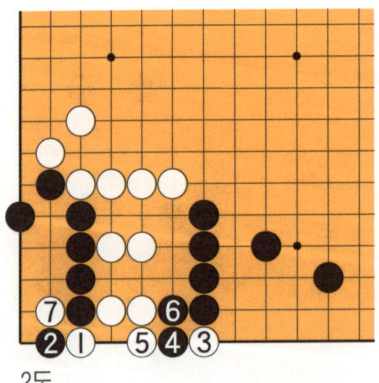

2도

2도 백1, 3에 대해 흑4는 백5의 계산된 수로 귀가 크게 다치므로 위험.

문제도

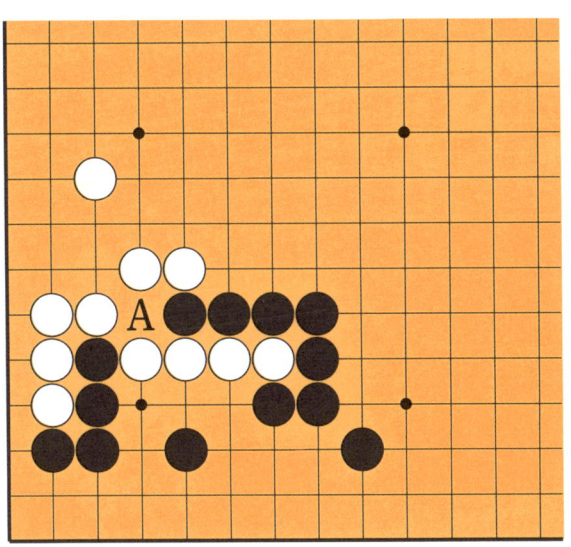

바둑은 큰 끝내기로 들어간 참. 백A로 넉 점을 살리든가 흑A로 넉 점을 잡든가가 초점이 된다. A의 곳은 몇 집의 끝내기가 될까?

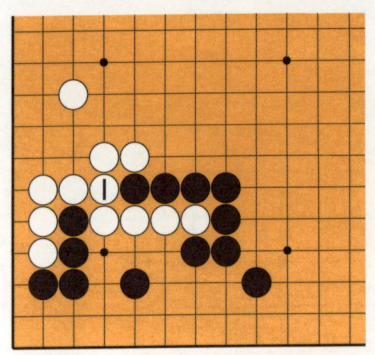

정해도

▶ 백1의 이음은 넉 점을 살렸다고 해서 4집이라든가 8집의 수라고 계산함은 단순하며 실패. 1의 곳은 후수 13집의 큰 끝내기가 된다.

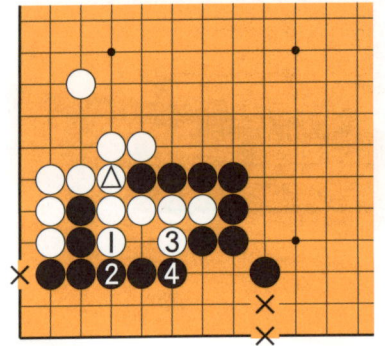

1도

1도 △로 이은 다음 백1 이하 흑4까지의 가상도를 그려 백 넉 점의 크기를 계산한다. ×표로 둘러싼 흑집 18집과 다음 그림을 비교한다.

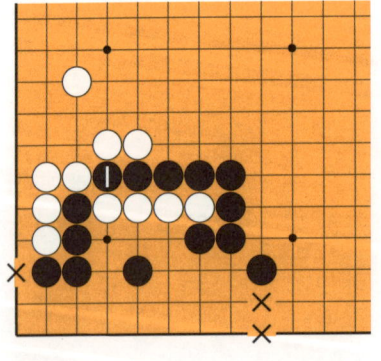

2도

2도 흑1로 백 넉 점을 잡는 것도 후수 13집의 수이다. 앞 그림과 비교하여 이를 확인해 본다.

×표로 둘러싼 흑집을 세면 31집이 된다. 31집과 18집의 차, 즉 13집이 넉 점의 크기임을 알 수 있다.

문제도

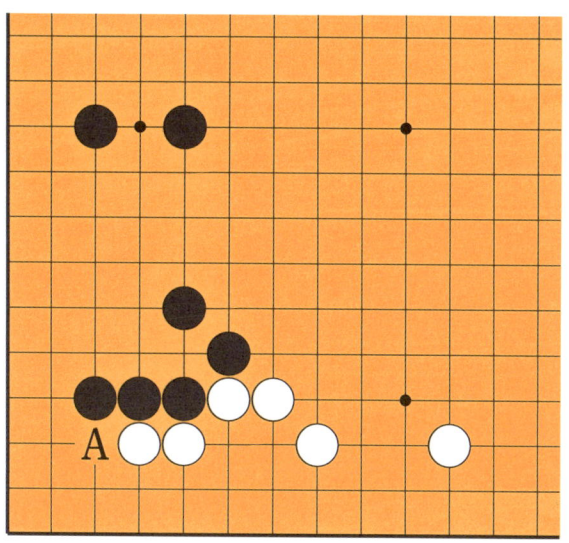

A의 곳은 3·三의 급소로 어느 쪽이 먼저 두느냐로서 승패에 영향을 준다.

얼마쯤의 크기일까? 눈으로 배울 끝내기의 하나이다.

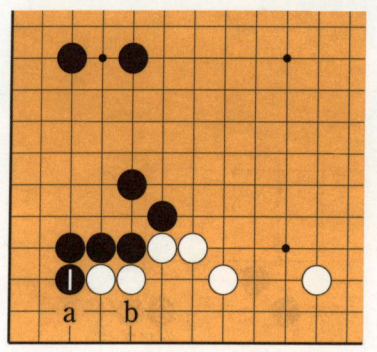

정해도

정해

▶ 흑1의 막음은 후수 18집의 큰 끝내기이다. 이 다음 흑은 a로 내려서고 b의 곳까지 노림. 백은 a의 젖혀이음으로 끝내기하지만 이 조건을 각각 절반하여 다음 그림처럼.

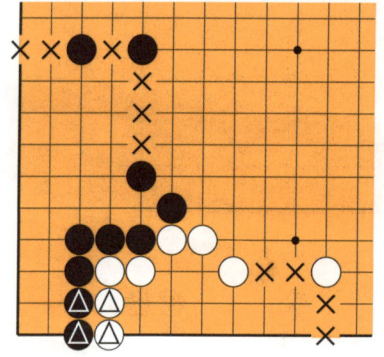

1도

1도 앞 그림의 계산은 쌍방 △와 ●의 내려섬이라 보고서 가상도를 만든다.

×표로 둘러싼 쌍방의 집은 흑집 29집, 백집 14집. 다음 그림과 비교해 본다.

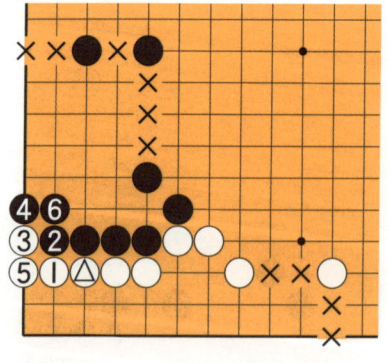

2도

2도 반대로 △의 크기도 후수 18집. 증명해 보면, 다음 백부터 1 이하의 선수 끝내기가 권리. 그러면 백집 22집, 흑집 19집. 앞 그림보다 흑집 10집 감소, 백집 8집 증가, 도합 18집 차이.

문제도

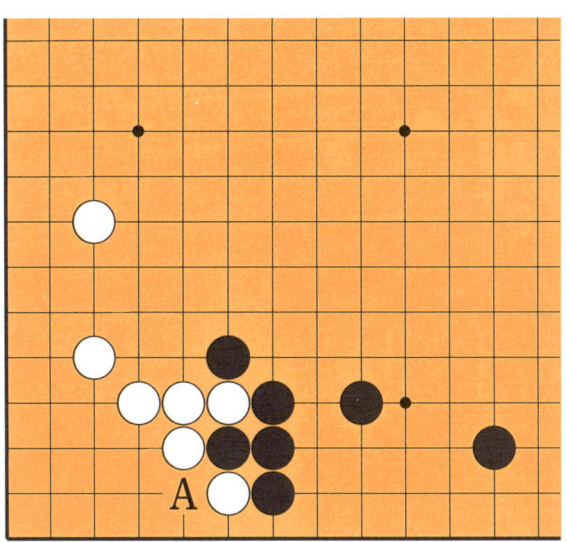

테스트 16　계산 ▶ 흑선

끝내기의 계산은 귀찮게 여기지 않고 정확히 계산하는 게 제일인데, 흑A의 '잘라먹기'가 언뜻 보아도 큰 끝내기이다. 흑A는 몇 집의 수일까?

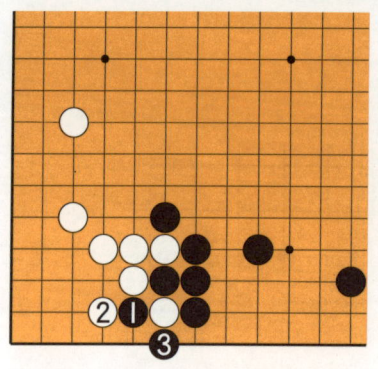

정해도

▶ 흑1, 3의 잘라먹기는 후수 12집의 큰 끝내기. 한 점의 잘라먹기라며 경시하지 말고 일찌감치 결정하기를 권한다.

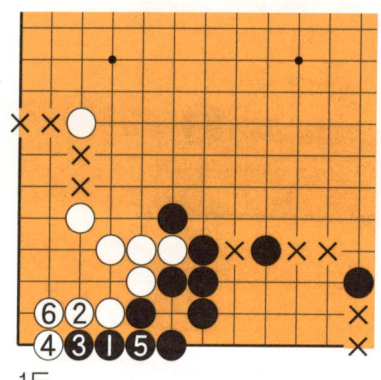

1도

1도 앞 그림의 다음 흑1 이하 5까지가 흑의 권리. 계산의 편법으로서 ×표로 둘러싸면 흑집 15집, 백집 15집이 된다.

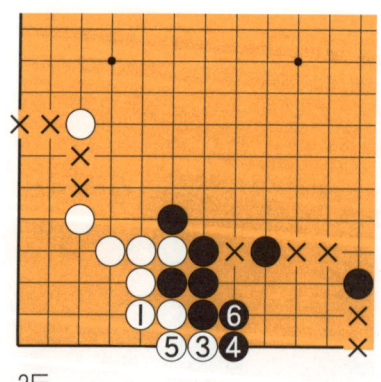

2도

2도 백1의 이음도 역시 후수 12집의 큰 끝내기. 다음 백 3, 5가 백의 권리. 앞 그림에 비해 흑 5집 감소, 백 7집 증가, 도합 12집의 차이.

186

문제도

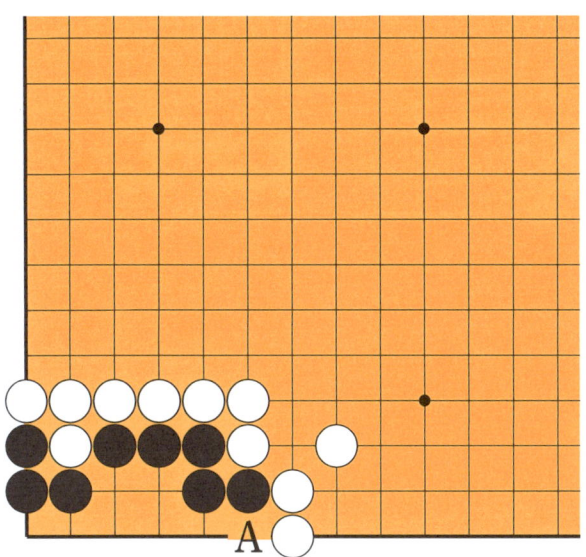

A

테스트 17   역끝내기 계산

사활과 관련된 경우인데 흑A에 막는 수는 몇 집으로 계산할까?
실전에서 '역끝내기'는 그 집에서 끝내기한 크기의 갑절로 그 가치를
생각하면 된다.

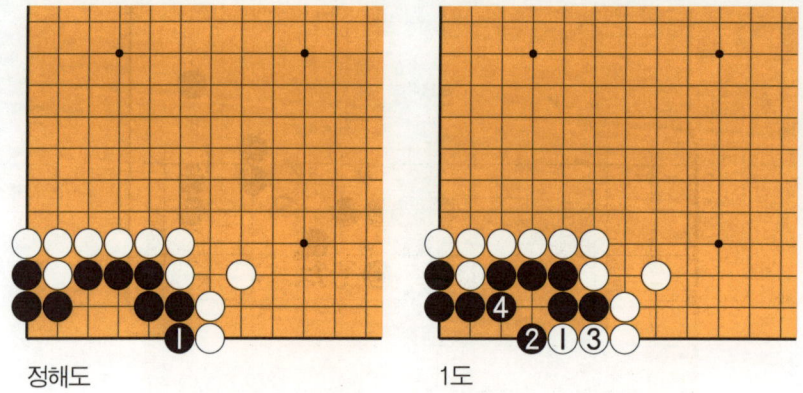

정해도   1도

정해

▶ 흑1의 막음은 역끝내기 3집의 수인데, 역끝내기는 그 2배의 가치를 갖는다는 법칙에 따라 흑1은 6집의 끝내기로 계산한다.

1도 이런 모양은 사활에 관한 끝내기로서 백1, 3에 두어 귀의 집을 4집으로 하는 수단이 언제라도 선수로 듣게 되어 있다. 실전에선 백이 패감 등의 관계로 그림의 선수 끝내기를 아껴두든가 하면 기회를 보아 **정해도** 흑1로 막아 두는 일이 있으며, 이 경우 백의 선수 끝내기를 봉쇄했으므로 '역끝내기 몇 집'이라는 이름으로 부르게 된다.

정해도와 1도의 차이, 7집—4집=3집.

실전에서의 역끝내기는 역끝내기한 집수의 2배인 곳을 끝내기한 것과 동등하다 생각하는 게 보통이므로, 역끝내기 3집은 당연히 후수 6집의 끝내기로 해석해도 무방한 셈이다.

문제도

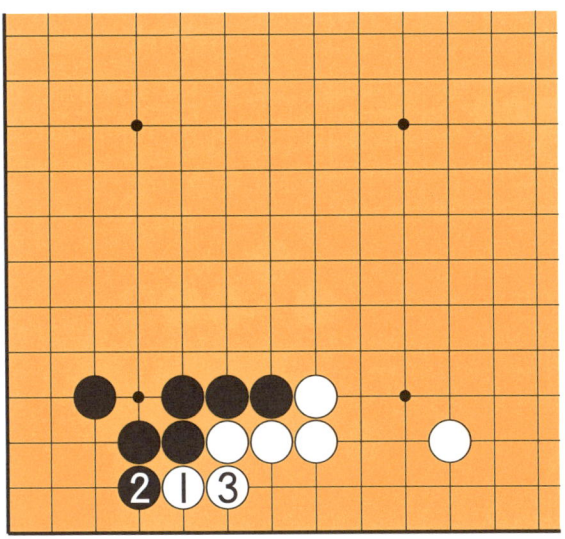

테스트 18   계산 방법

끝내기 계산에서 가장 중요한 일은 쌍방이 먼저 두었을 경우의 가상도를 정확히 그리는 데 있다.

제2선의 젖혀이음인데 백1, 3은 몇 집의 끝내기일까?

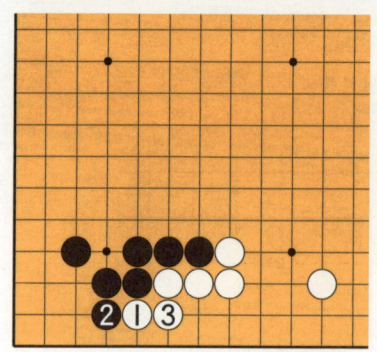

정해도

▶ 같은 제2선의 젖혀이음이라도 조건에 따라 그 가치가 달라진다. 그것을 고려하면 백1, 3의 젖혀이음은 8집에 해당되는 끝내기이다.

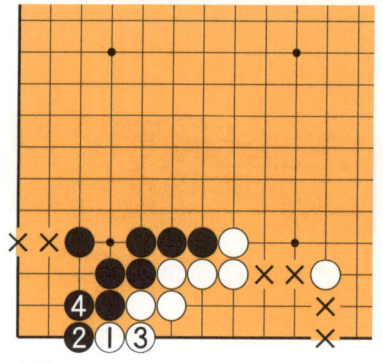

1도

1도 앞 그림의 다음에 백1, 3의 젖혀이음이 선수로서 약속되는 게 포인트이다. 계산하기 쉽게 ×로 표시하면 백집 9집, 흑집 7집.

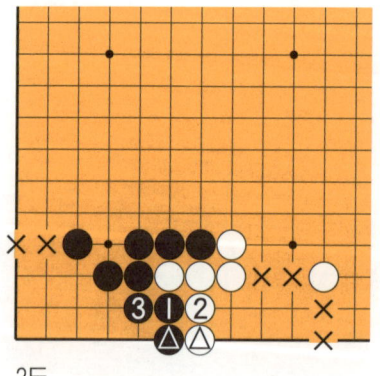

2도

2도 반대로 흑1, 3을 먼저 두면 ●와 △를 교환했다 치고 흑집 12집, 백집 6집. 앞 그림에 비해 흑 5집 증가, 백 3집 감소이므로 그 합계는 8집 차이. 그러므로 흑1, 3도 역시 8집 끝내기.

190

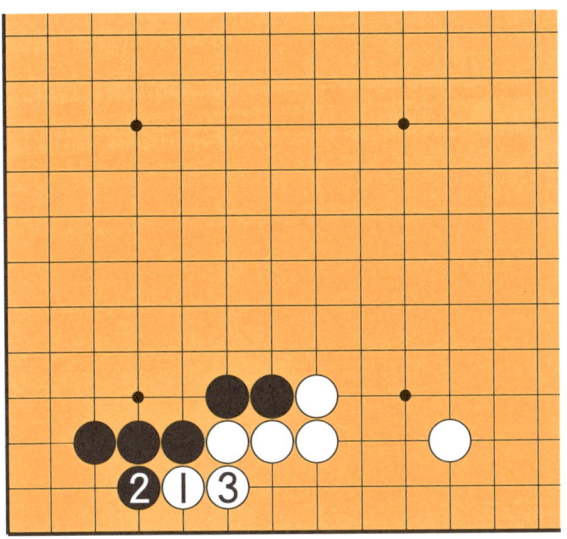

테스트 19 ● 계산 방법

젖혀이음은 작게는 제1선에서 생기는 2집의 끝내기부터 크게는 제 2선에서 생기는 10여 집의 끝내기까지 다종 다양하다.

백1, 3의 젖혀이음은 몇 집 끝내기에 해당될까?

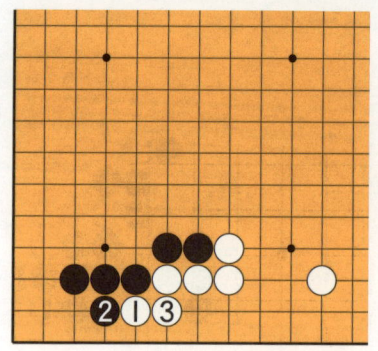

정해도

정해

▶ 제3선에서 서로의 돌이 접촉하고 있는 모양인데, 눈모양이나 사활에 영향을 미치지 않는 한 백1, 3의 젖혀이음은 후수 6집의 끝내기가 된다.

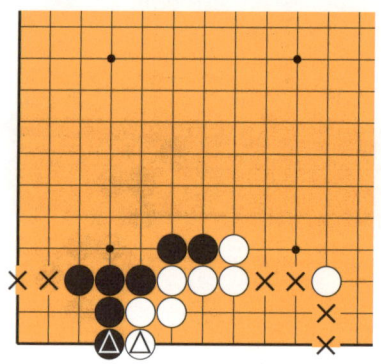

1도

1도 앞 그림을 계산하기 쉽도록 그림처럼 모양을 만들어 본다. ●와 △의 양내려섬이라 보고 계산하는데 백집 9집, 흑집 6집이다.

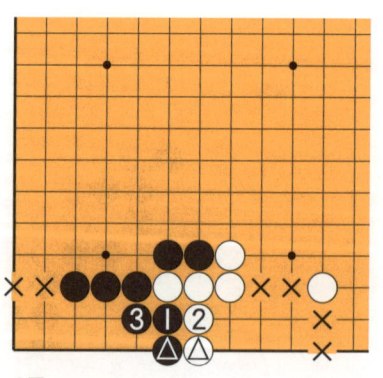

2도

2도 흑부터 두면 1, 3의 젖혀이음으로 계산한다. 흑집 9집, 백집 6집으로 앞 그림과는 반대인 집수. 따라서 증감을 계산하면 쌍방의 차이는 3집+3집=6집. 흑1, 3도 역시 6집 끝내기이다.

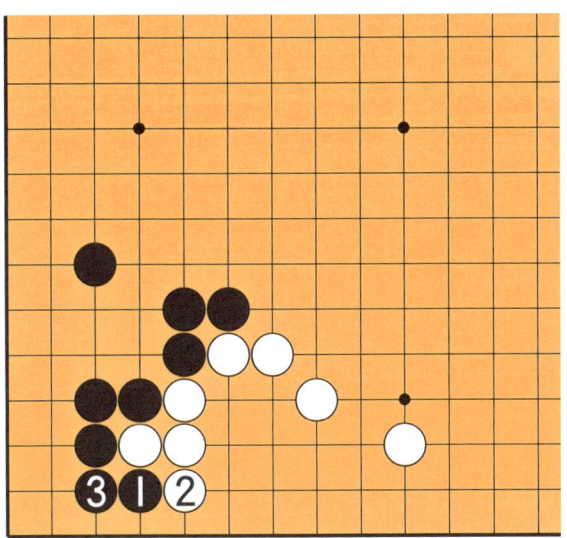

문제도

테스트 20 | 계산 방법

젖혀이음도 꽤나 빠른 시기에 모양과 실질적인 요점으로서 두는
일이 잦다.

흑1, 3이 그런 케이스인데 몇 집의 끝내기라고 계산할까?

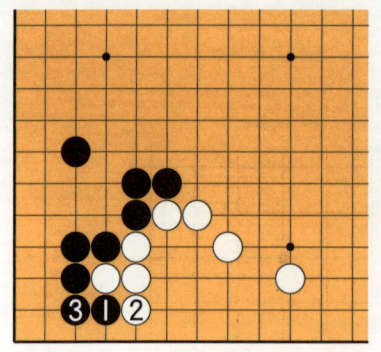

정해도

정해

정해

▶ 흑1, 3의 젖혀이음은 맛 좋은 수로서 후수 11집의 크 기이다. 이런 수의 가치를 알 면 초단 목전이라 해도 좋을 것이다.

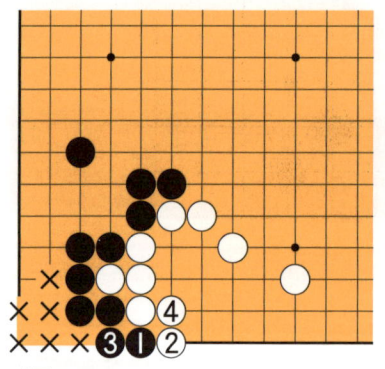

1도

1도 앞 그림의 다음 흑1, 3 의 젖혀이음이 흑의 권리로서 약속된다. 이 그림의 흑집은 다 음 그림의 감소된 흑집에 비해 ×표의 6집 증가.

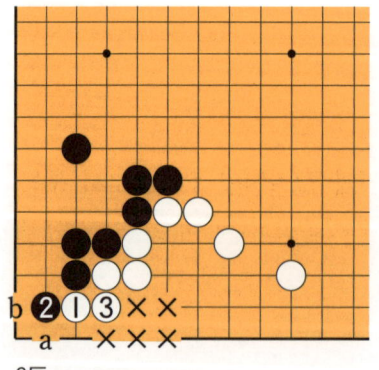

2도

2도 반대로 백1, 3도 후수 11집의 수로 나중에 백a, 흑 b를 예상한다. 백집은 앞 그림 에 비해 ×표의 5집 증가이므 로 흑집과 백집의 증감 합계는 11집이다.

문제도

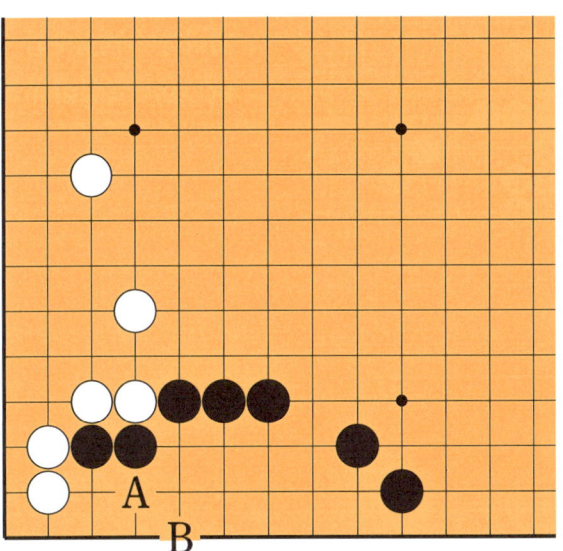

　실전에서 곧잘 생기는 큰 끝내기의 케이스이다.
　백부터 끝내기하는 수법으로서 A의 껴붙임, B의 미끄러짐이 있지만 어느 쪽이 옳을까?

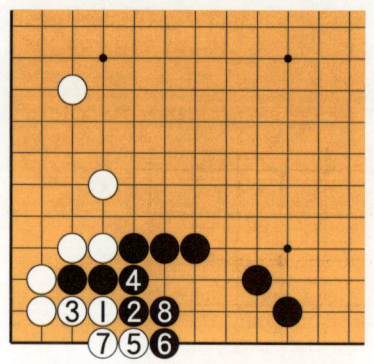

정해도

정해

▶ 백1의 껴붙임이 정수. 결과는 다음 그림의 미끄러짐과 비교하여 백집 1집 증가, 흑집 1집 감소로 2집 이득이 된다.

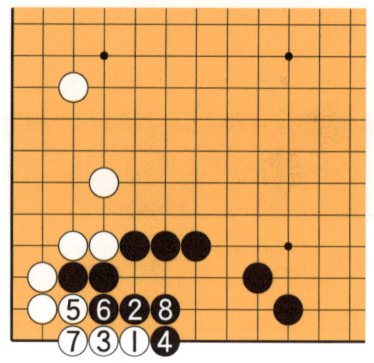

1도

1도 백1의 미끄러짐을 선택하는 사람이 많다고 생각되지만 정답에 비해 2집 손해. 이렇듯 좁은 곳에서도 2집의 차이가 생기므로 바둑은 끝이 없다고 하는 것이다.

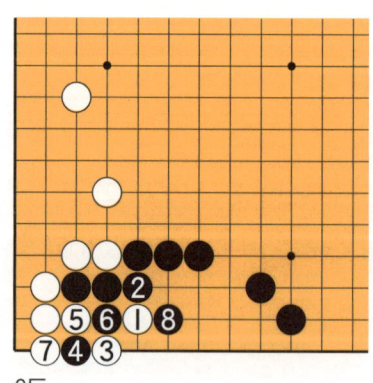

2도

2도 백1로 들여다보든가 2의 끊음은 속맥이라 안 된다.
정해도의 껴붙임이나 1도의 미끄러짐은 둘다 조건에 따라 쓰이는 수법이므로 기억해 둘 일이다.

문제도

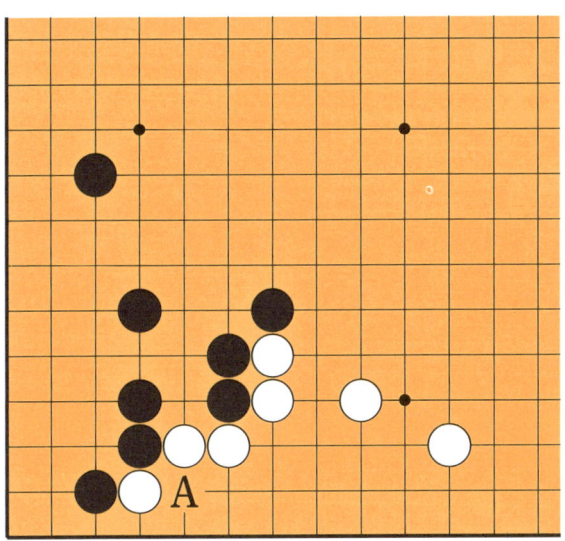

　실전에서 흔히 나타나는 모양. 흑A의 잘라먹기는 맛도 좋으며 더욱이 크다. 그럼 얼마쯤의 크기인지, 가상도를 그려 보기 바란다.

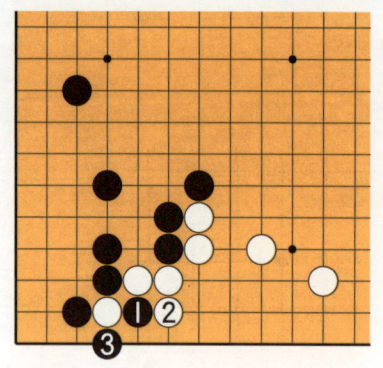

정해도

▶ 흑1, 3의 잘라먹기는 놀랍게도 17집의 크기. 후수라고는 하나 실질적 크기를 인식하여 되도록 빠른 시기에 두도록 할 것.

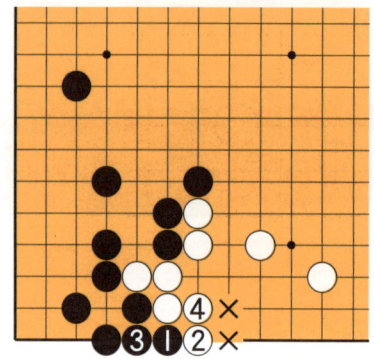

1도

1도 앞 그림의 다음 흑1의 젖힘이 권리. 흑이 패감이 많다면 백2로써 4에 늦추게 된다. 그러면 ×표까지 백집은 줄어, 다음 그림에 비해 백집은 7집 감소

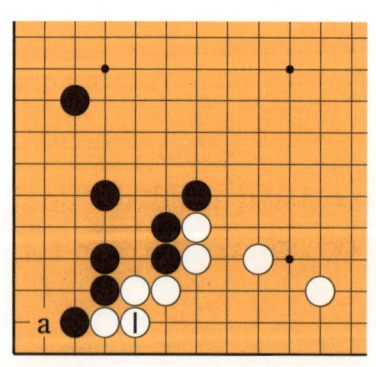

2도

2도 반대로 백1에 이으면 백a의 맥이 생겨 흑집은 10집 감소. 백집은 1도보다 7집 늘었으므로 도합 17집의 차이로 계산하는 것이다.

198

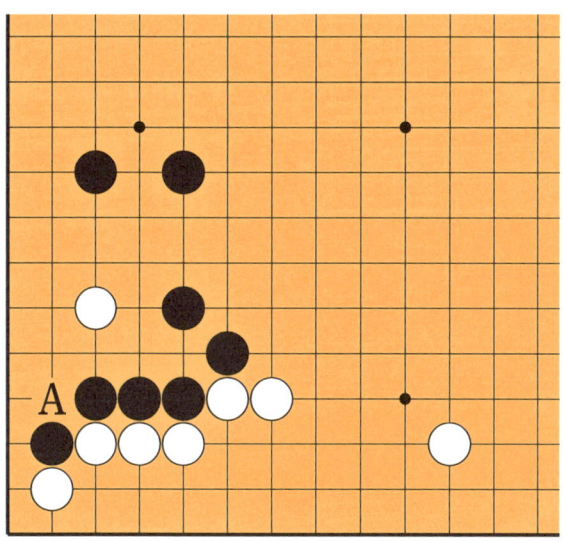

테스트 23　계산 방법

실전에서 잘 나타나는 모양. 지금 A의 곳이 클로즈업된다. 백A로 잘라먹는 수는 몇 집 끝내기인가, 거꾸로 흑이 A로 잇는 수는 몇 집 끝내기인가 계산해 보기 바란다.

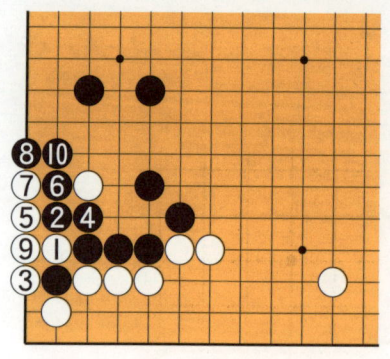

정해도

정해

▶ 백1로 잡는 수는 선수 14 집이라는 큰 끝내기이다. 흑10까지는 우선 필연이라 해도 좋을 것이다. 귀나 변에서 한 점을 잡는 것은 의외로 큰 끝내기일 경우가 많다.

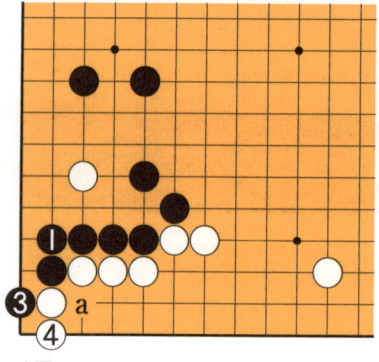

1도

1도 거꾸로 흑1로 잇게 되면 다음 흑3은 흑의 권리로서 계산한다. 정해도와 비교해 흑집은 8집 증가, 백집은 a의 곳 손질로 6집 감소, 도합 14집의 차이. 흑으로선 역끝내기 14집에 해당하는 큰 끝내기이다.

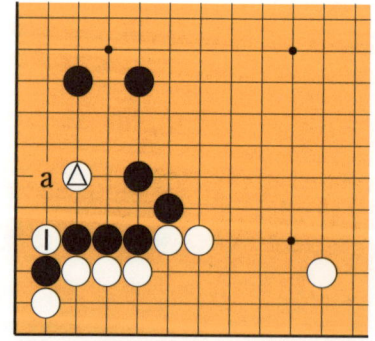

2도

2도 실전이라면 ⊿는 a의 내려섬 등으로 흑집 안에서 수가 생기는 맛도 있으므로, 그런 맛이 사라졌을 때 백1로 잡는 것이 효과적. 요는 그 타이밍에 있을 것이다.

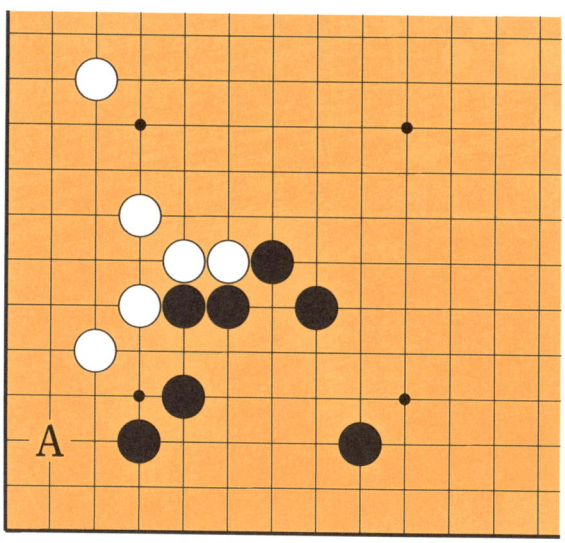

테스트 24　계산 방법

　'실리선'이라 일컫는 제3선의 돌에서 제2선에 날일자하는 수는 보기보다 크다. 백A의 끝내기는 몇 집이나 될까? 흑부터의 끝내기법도 생각해 주기 바란다.

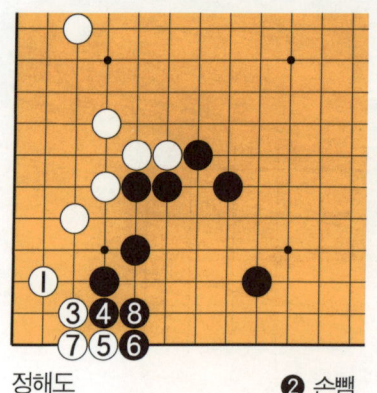

정해도

❷ 손뺌

▶ 백1의 미끄러짐은 후수 18집의 큰 끝내기이다. 흑이 손 뺀다고 가정하면 다음 백3 이 하의 끝내기가 백의 권리로서 약속되지만, 우선은 최대급의 백1이다.

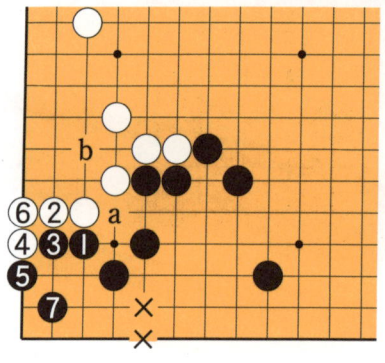

1도

1도 반대로 흑부터 끝내기 하는 것은 1의 마늘모 붙임이 정수. 이하 흑7까지를 가정하 지만 나중 흑a, 백b도 자연스 레 결정된다. 흑의 끝내기도 역 시 후수 18집이다.

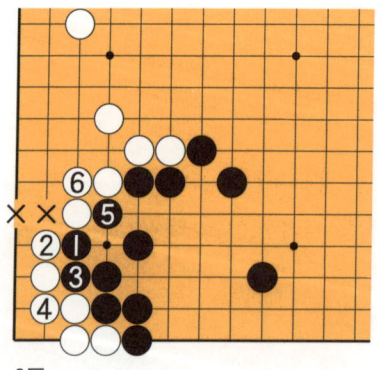

2도

2도 정해도의 다음 흑1 이 하 백6까지를 예상하여 끝내기 계산을 해 보면, 1도에 비해 백 집은 ×표까지 7집 증가, 흑집 은 1도 ×표까지 11집 감소로 도합 18집인 것이다.

문제도

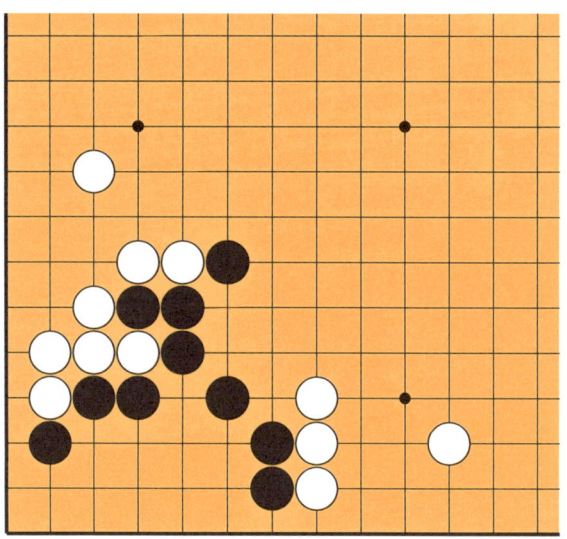

테스트 25　　계산 ▶ 백선

　실전에서 흔히 나타나는 모양이다. 이런 귀를 어떻게 끝내기하는
게 정맥일까? 가상도를 그려 몇 집쯤의 끝내기인지 생각해 보기 바
란다.

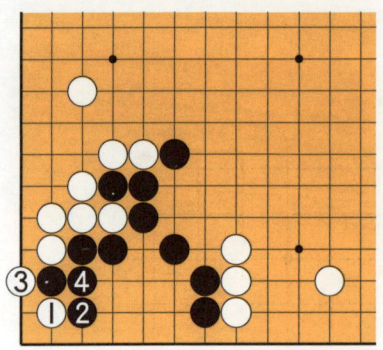

정해도

▶ 백1로 껴붙이는 정맥을 알아두기 바란다. 흑2로 받을 수밖에 없어 백3의 건너감이 성립. 백은 선수로 6집의 이득을 본다.

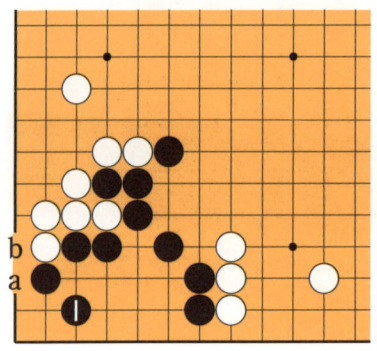

1도

1도 흑이 지킨다고 하면 1의 호구 이음이 모양이다. 이런 다음 흑a, 백b의 양내려섬이라고 보고, 흑은 **정해도**에 비해 6집 증가. 따라서 흑1은 6집 역끝내기. 12집의 가치이므로 이런 자리는 보기보단 큰 끝내기이다.

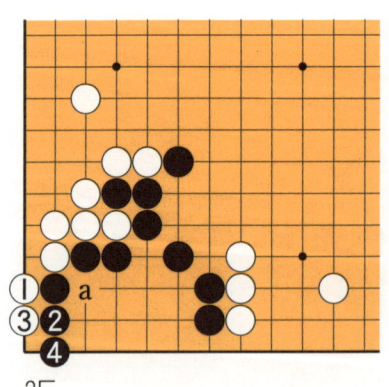

2도

2도 백1로 젖히는 끝내기는 약하다. 흑4까지 되면 나중에 흑a에 손질하여 계산하지만, **정해도**에 비해 흑 2집 증가. 반대로 백으로선 2집 손해라는 셈이다.

5

실전 끝내기
감상

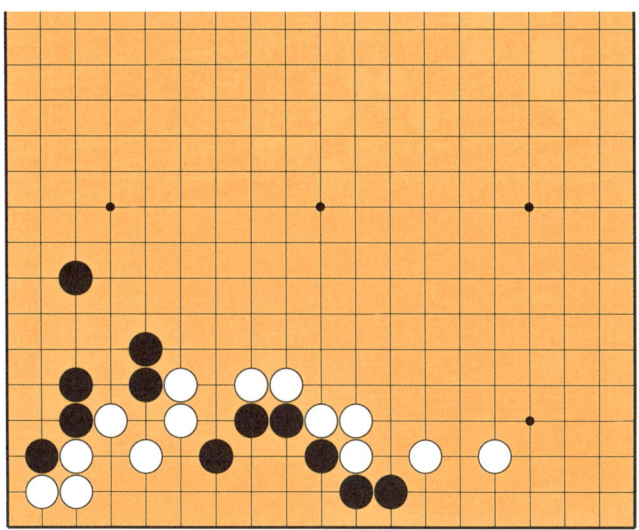

테스트 1   백선

어느 유명한 기성끼리의 대국에서 생긴 모양이다.

백부터 날카로운 끝내기의 맥이 있는데, 한번 프로의 기분으로 도
전해 보기 바란다.

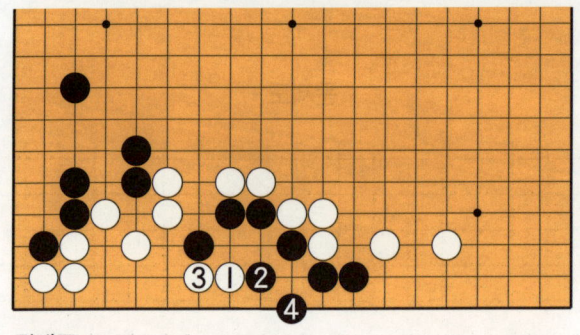

정해도

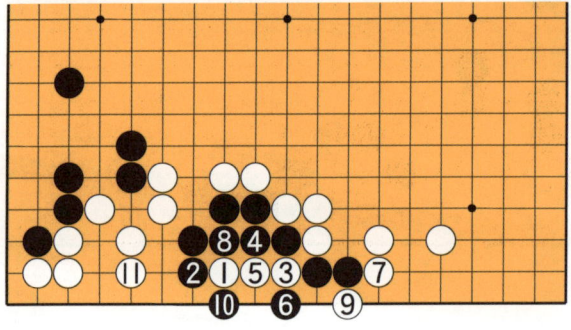

1도

정해

▶ 프로의 바둑이라도 종반에 이르러 승패가 뒤집히는 예는 적지 않다. 백1의 치중은 흑의 눈모양을 공격하는 정맥. 흑2의 응수는 부득이하므로 백3으로 크게 도려낸다.

1도 흑2의 막음은 무리이며 흑의 괴멸. 백3의 끊음부터 5로 잇는 '3궁'의 성립으로 흑의 죽음이다. 사석 작전에 의한 백11까지의 수순은 멋진 흐름이다.

문제도

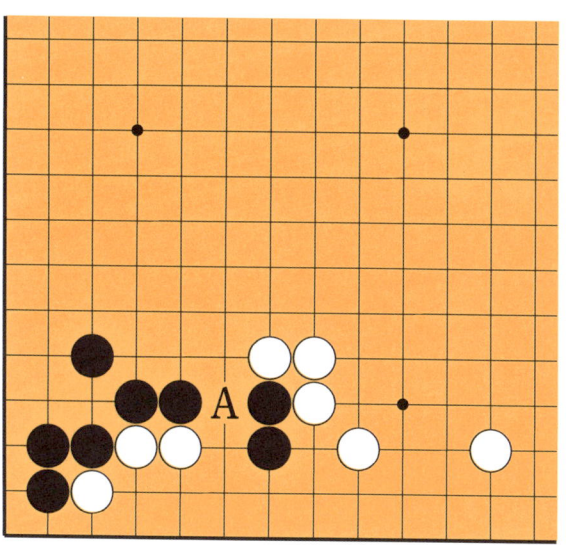

백 석 점은 잡혀 있는 것처럼 보이지만 A의 곳에 흑의 결함이 있
다. 그곳을 노리며 제1감의 정맥이 번뜩이면 자연히 길이 통한다.

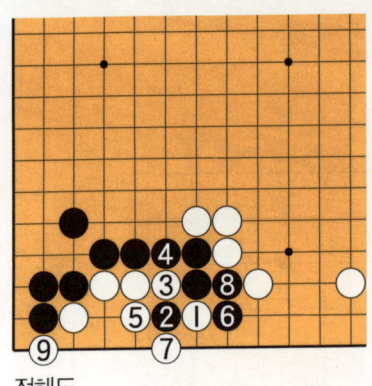

정해도

정해

▶ 백1의 코붙임이 제1감의 정맥. 흑의 결함을 날카롭게 찌르고 있다. 흑2엔 백3, 5로 진행되는 호흡이 멋지며 백9까지 당당한 삶.

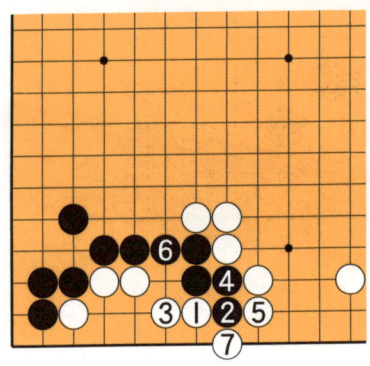

1도

1도 흑2쪽부터 받으면 일단 백3으로 느는 게 맛좋은 맥. 흑4엔 백5, 7로 건너가게 되어 정해도보다 유리.

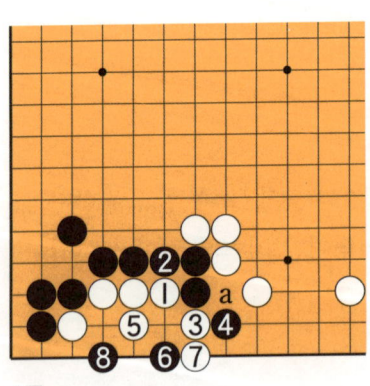

2도

2도 백1, 3으로 두는 발상은 초보자의 속수. 백5일 때 흑6의 치중이 정맥. 백7엔 흑8로 연속 치중이면 백a로 끊을 사이가 없다. 흑6으로써 7은 백6으로 패.

문제도

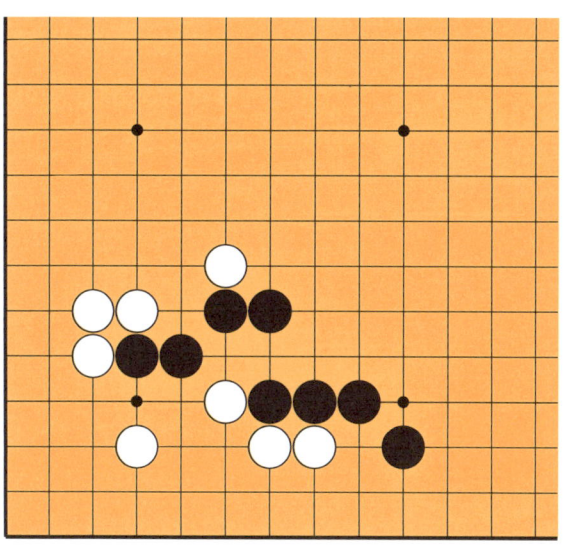

테스트 3   흑선

　고수의 대국에서 나타난 모양이다. 백의 모양은 빙 둘러싸고 연결
된 것처럼 보이지만, 어딘지 엷다는 느낌. 그렇다면 끝내기의 정맥은
어디일까?

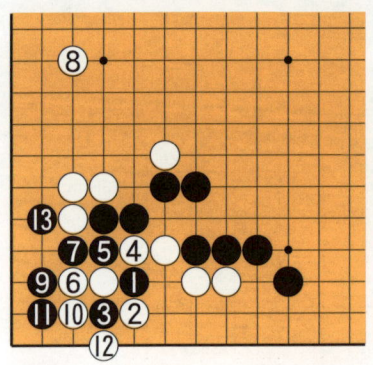

정해도

정해

▶ 날일자의 약점을 찌르는 흑1, 3의 '맞끊음'이 정맥. 백4의 받음엔 흑5 이하 13까지로 통쾌하게 백집을 양단했다.

1도 흑1, 3은 양단법의 정맥으로서 위력 만점. 백4로 응수하면 흑5가 선수여서 7까지 흑의 대성공. 아무래도 백은 정해도가 최선.

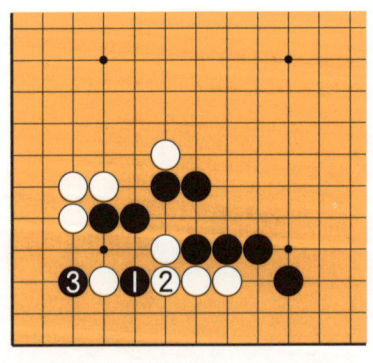

1도

2도 흑1에 대해 백2로 이으면 흑3으로 껴붙이는 맥이 있다. 흑1이 두어지면 이 다음 백이 어떻게 변화하든 잘 되지 않는다.

2도

212

문제도

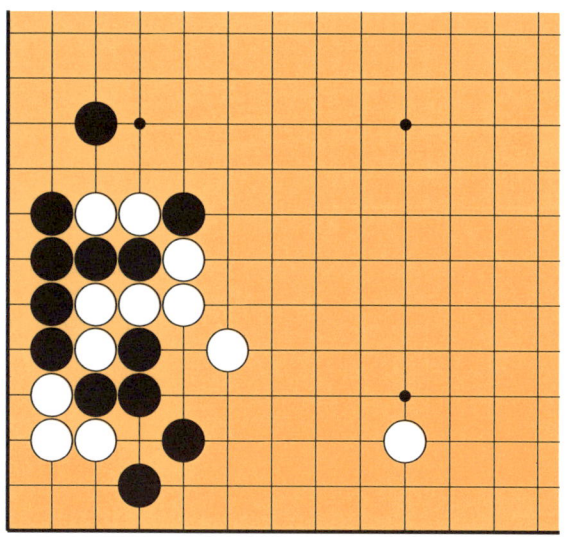

　고수의 대국에서 생긴 모양. 귀의 백 석 점은 잡혀 있지만, 이것을 활용하여 능숙한 끝내기를 궁리해 보기 바란다.

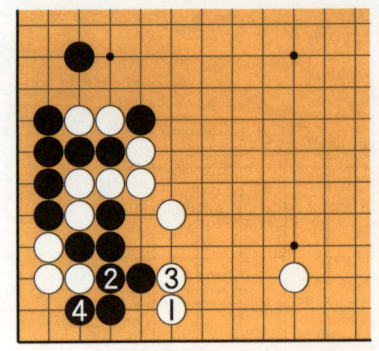

정해도

정해

▶ 백1로 밑에서의 들여다봄이 정맥. 귀의 죽은 돌을 활용하여 외부를 조이는 게 목적이다. 흑2의 이음은 도리가 없으므로 백3의 봉쇄를 선수로 둘 수 있다.

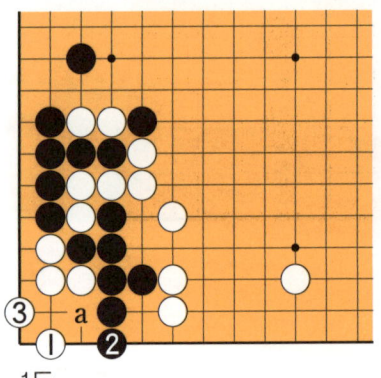

1도

1도 앞 그림의 흑4를 손뺌하면 백1의 뜀이 정맥. 흑2일 때 백3의 '안형'으로 수상전에서 백이 이긴다. 백1로써 a는 흑2, 백1, 흑3으로 이번엔 수상전에서 백의 패배.

2도 흑2로 나가면 백3의 끼우기가 성립되어 a, b가 맞보기. 백1의 맥은 사활, 끝내기, 또는 모양을 정돈하는 데 등 넓은 분야에서 사용된다.

2도

214

문제도

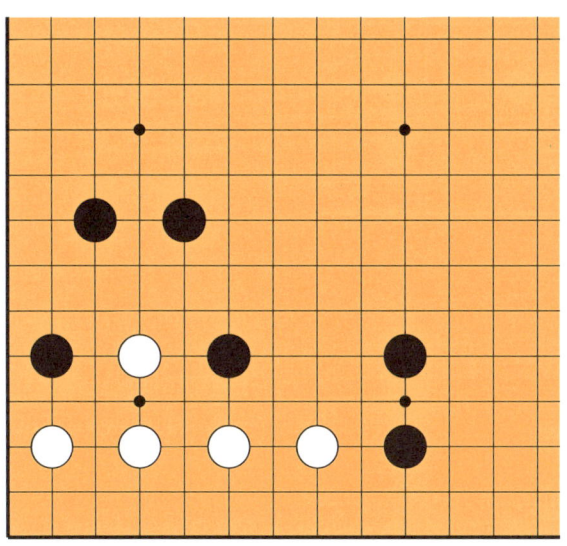

테스트 5 흑선

역시 대가의 실전에서 생긴 모양이다.

백모양은 모두 한 칸 뜀이므로 흑부터 끼어들 곳은 몇 군데나 있다. 그럼, 절단의 급소는 어느 곳일까?

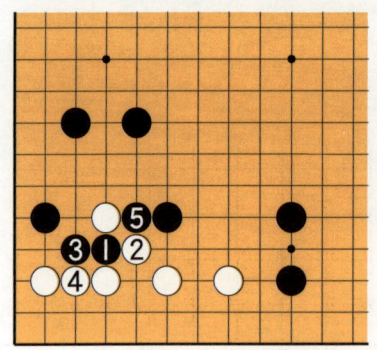

정해도

정해

▶ 흑1의 끼우기가 호수로 백 한 점을 잡을 수 있다. 백2로 단수하면 흑3에 뻗고 백4의 이음은 필연. 그런 다음 흑5로 잡는다.

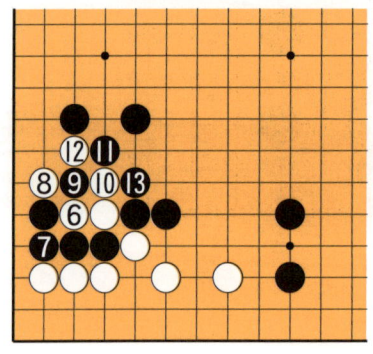

1도

1도 앞 그림에 이어 백6, 8로 달아나도 흑9 이하로써 '몰아떨구기'할 수 있다. 정해도의 한 점 잡기는 승패에 직결될 만큼 큰 끝내기일 것이다.

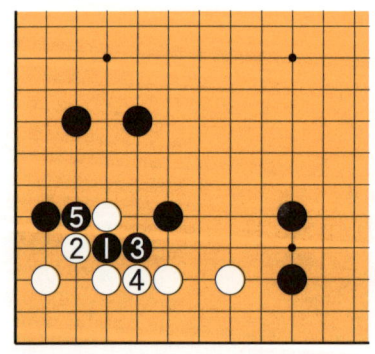

2도

2도 백2쪽부터 단수하는 것은 흑3, 5로 두어 역시 백 한 점을 가둔다. '좌우동형은 중앙에 수 있다'의 좋은 예로서 우선은 필승의 끝내기라 하겠다.

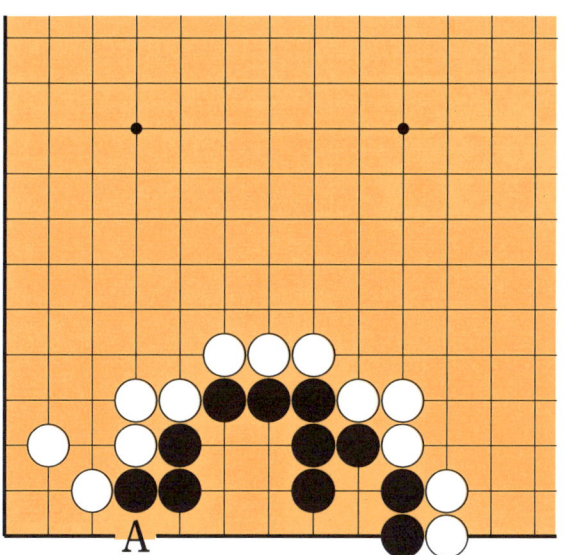

A

테스트 6   백선

백A로 젖혀이음을 둔다면 평범한 끝내기로 묘미가 없다. 눈모양의
상태를 보며 모양의 급소를 찔러야 한다. 그럼, 제1감은 어디일까?

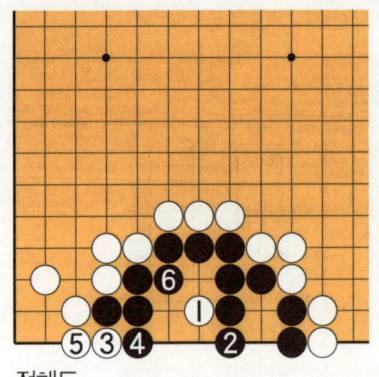

정해도

정해

▶ 백1의 붙임이 멋진 정맥. 흑2로 조심한다면 그때 백3, 5를 결정하는 게 수순. 백은 2도에 비해 1집의 이득, 게다가 선수까지.

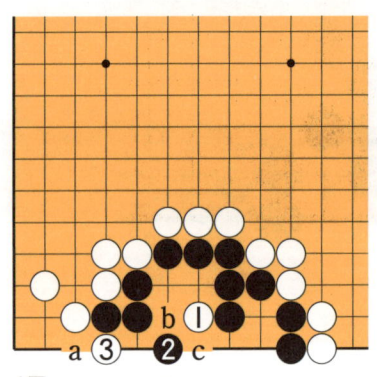

1도

1도 흑2로 응수하면 이 교환에 만족한 다음 백3으로 젖히는 게 끝내기의 묘미. 나중에 백a로 이으면 흑은 b, c의 손질로서 7집이 된다.

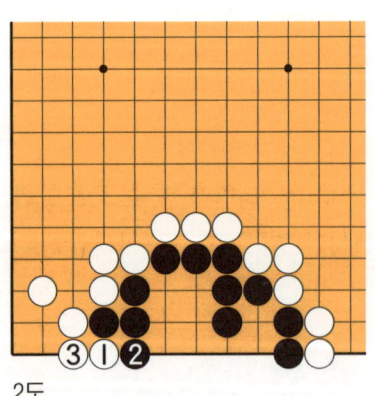

2도

2도 평범하게 백1, 3으로 결정하면 흑집이 9집이나 생긴다. 후수의 마이너스와 집의 손해는 승패에도 직결하게 될 정도이다.

218

문제도

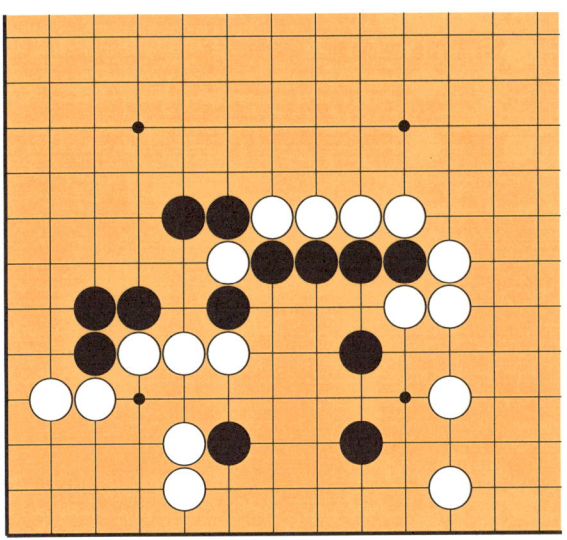

테스트 7 백선

실전에 나타난 모양인데 흑은 엷은 모습이나마 이어져 있는 것처럼 보인다. 그렇다면 흑의 약점을 찔러 아래쪽의 흑 일단을 잡아 보기 바란다.

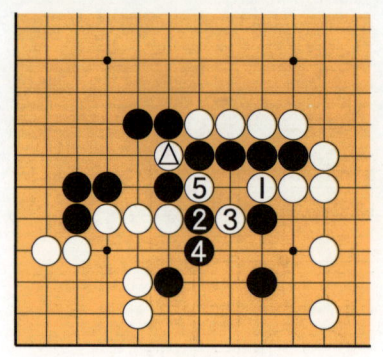

정해도

정해

▶ 백1의 나감은 일단 급소. 흑2로 비켜 받는 모양으로서 언뜻 보아 버텨낼 것 같지만, 백3으로 끼우는 맥이 있어 흑은 궁지에 몰린다. 잡혀 있던 ◬가 위력 발휘.

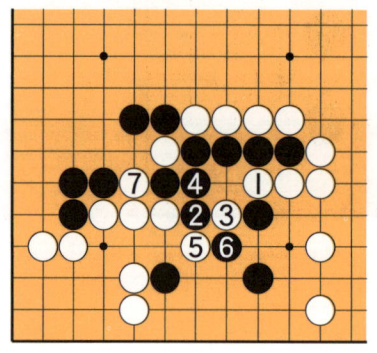

1도

1도 흑2, 4로 약점을 커버하면 백5로써 잡힌다. 백3의 끼우기는 활용이 넓은 맥인데 실전에선 발견하기 힘들지 않을까?

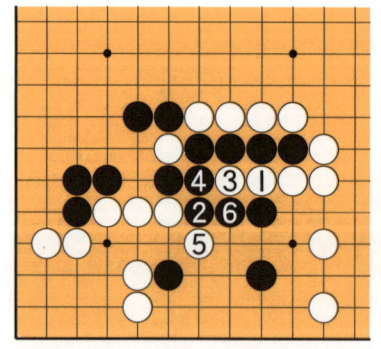

2도

2도 백1, 3으로 아무 연구 없이 결정하면 하변의 몇 점이 연결되어 버린다. 앞 그림과의 차이는 물론 승패에 영향을 줄 정도이다.

문제도

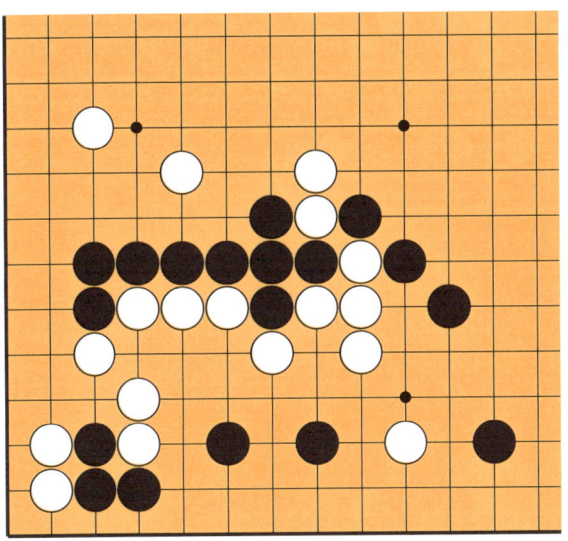

옛날 대가의 실전에서 나타난 모양이다. 승부처에 돌입하여 이곳의 수습 관계가 형세를 좌우하게 되었다.

흑부터 놀라운 끝내기와 수습의 맥이 있는데 과연 어떤 수일까?

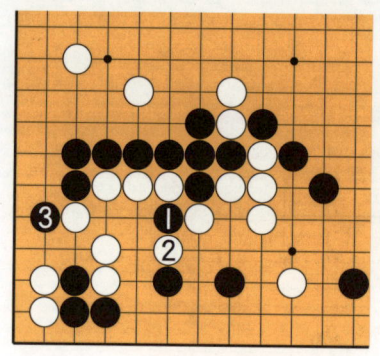

정해도

정해

▶ 흑1의 끊음이 백의 결함을 노린 맥이다. 백2와 교환한 다음 흑3으로 젖히는 게 1과 호응하여 딱 들어맞는다.

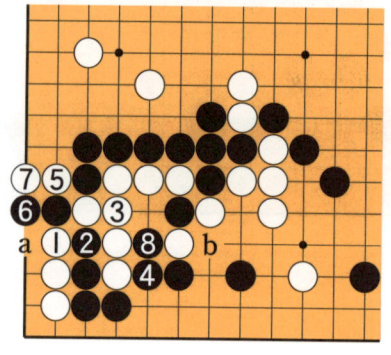

1도

1도 앞 그림에 이어 백1의 받음이라면 흑2 이하는 필연의 공방. 흑8로 들어가는 묘수가 생겨 다음 백a, 흑b.

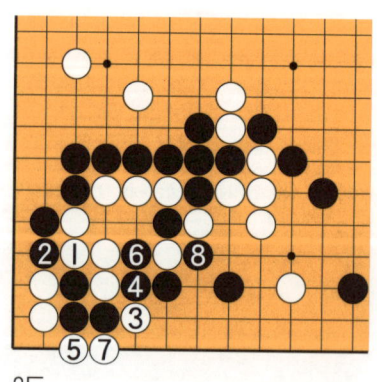

2도

2도 앞 그림의 변화. 백1에 받으면 흑2 이하로 석 점을 버리고 8까지의 바꿔치기인데, 아무튼 흑의 성공적인 처리는 분명하다.

222

문제도

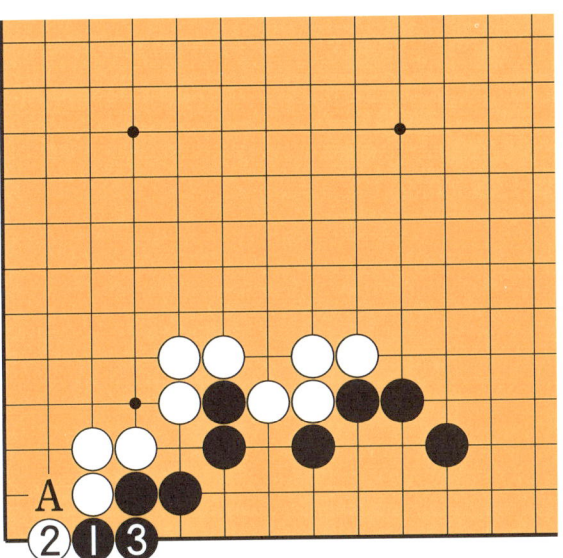

테스트 9   백선

혼인보 슈와(本因坊 秀和)와 슈호(秀甫)의 대국에서 생긴 모양인데, 슈호의 '착각'이다.

흑1, 3의 젖혀이음은 A의 곳 끊음을 본 끝내기였으나 조금 맛이 나쁜 모양으로 보인다. 그럼, 백의 묘수는 어디일까?

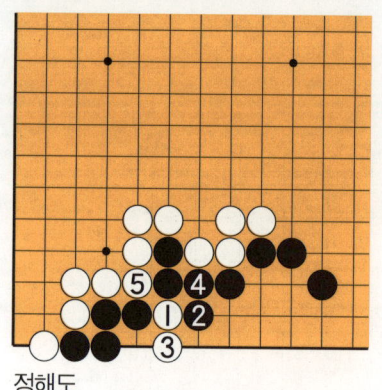

정해도

정해

▶ 흑의 공배를 이용한 백1
의 붙임이 날카로운 맥. 실전
은 흑2, 4로 넉 점을 버리게 되
었고, 다음 백5로서 역전. 백의
3집 승리로 끝났다.

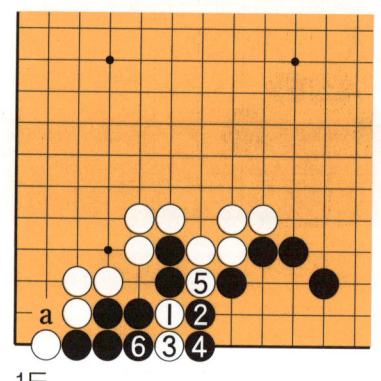

1도

1도 흑2엔 백3의 두 점으
로 키워 버리는 게 묘수. 흑4
로 한껏 버티는 것은 백5로 끊
어 흑a의 여유를 주지 않는 게
'수읽기'의 맥이다.

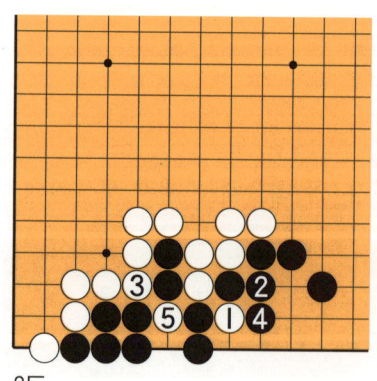

2도

2도 앞 그림에 이어 백1 이
하 5까지, 흑의 괴멸이다. 맛이
나쁜 모양의 무서운 결과와, 명
인이라도 잘못 본다는 예가 될
것이다.

문제도

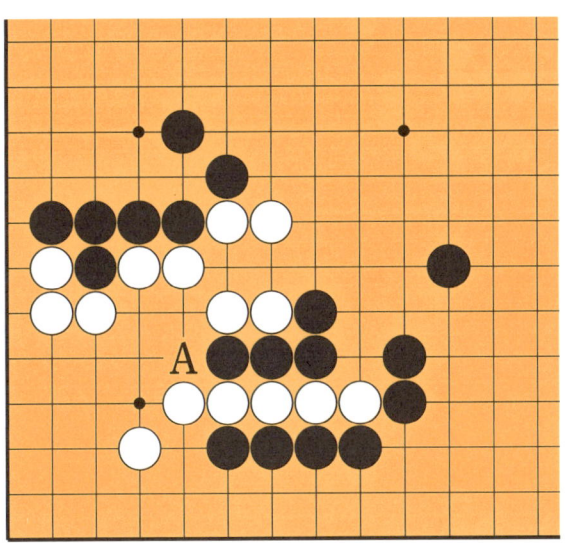

혼인보 조와(本因坊 丈和)의 실전에서 생긴 모양이다. 끝내기는 정맥과 수순이 위력을 발휘하는데, 이런 모양은 수순이 포인트. A의 곳으로 단순히 나가는 것은 속수의 표본. 흑의 정확한 수순은 어디일까?

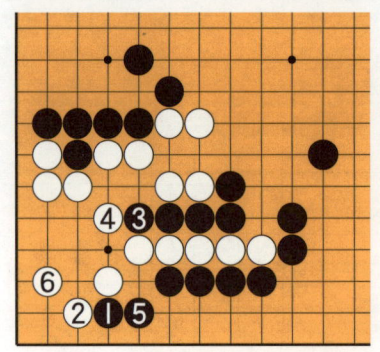

정해도

▶ 흑1의 선수로 붙인 다음 3으로 나가는 게 수순의 묘 수순을 바꿔서 흑3, 백4, 흑1은 백5로 차단하는 수가 생긴다.

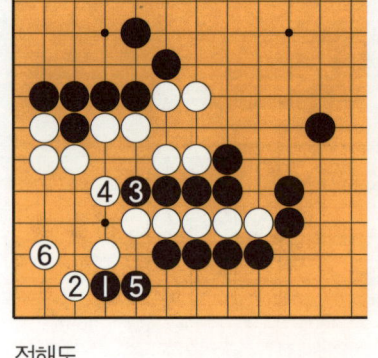

1도

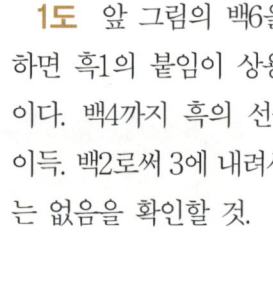

1도 앞 그림의 백6을 손뺌 하면 흑1의 붙임이 상용 수단 이다. 백4까지 흑의 선수 6집 이득. 백2로써 3에 내려서는 수 는 없음을 확인할 것.

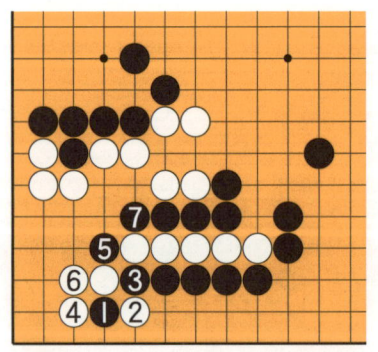

2도

2도 흑1의 붙임에 백2, 4로 잡는 수는 없다. 그러면 흑5, 7 로 백 다섯 점이 잡히고 만다. 과연 흑1로 붙이는 수순이 빛 난다.

문제도

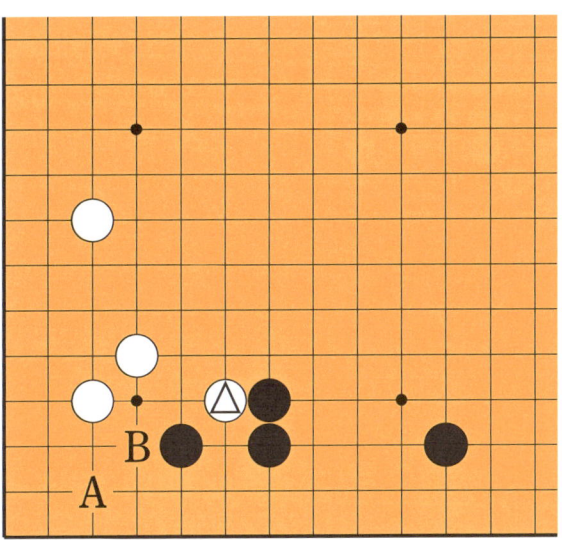

테스트 11   백선

흑부터 둔다면 A의 날일자가 큰 끝내기로 되어 있다.

평범하게 백B의 마늘모 붙임으로선 묘미가 없으므로, ◮를 활용하
는 날카로운 맥을 발견해 보기 바란다.

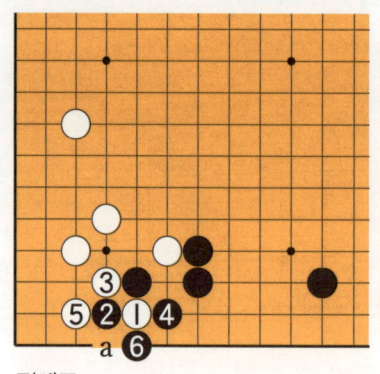

정해도

정해

▶ 백1의 붙임은 선수로서 귀를 정비하는 맥. 흑2의 젖힘은 당연. 백3의 끊음부터 5로 막는 게 요령. 흑6을 생략하면 백a가 큰 끝내기이다.

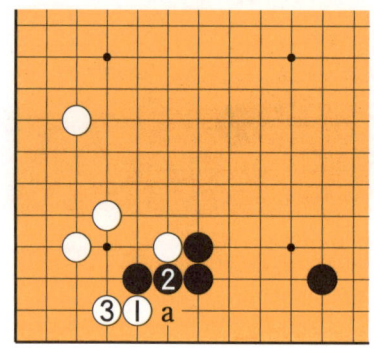

1도

1도 백1에 흑2 또는 a로 받는 것은 약하다. 백3으로 느는 것이 커서 만족 이상의 이익이다. 백1의 맥은 '중반전' 등에서도 응용할 수 있다.

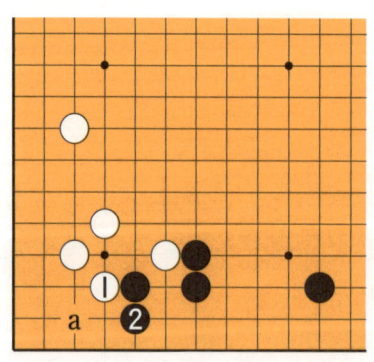

2도

2도 백1로 마늘모 붙임하는 것은 흑2의 내려섬부터 a의 후수 18집 정도나 되는 큰 끝내기가 남는다. **정해도**와의 차이를 음미해 보기 바란다.

문제도

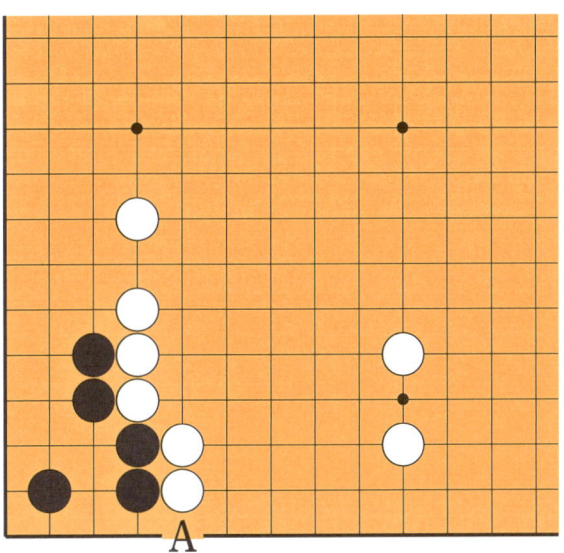

A

흑부터 A의 젖혀이음을 두기 전에 귀의 흑에 대해 교묘한 끝내기 수단이 있다.

끝내기의 테크닉이 승리의 공로자가 되지만, 이 모양에서 과연 제 1감은 어디일까?

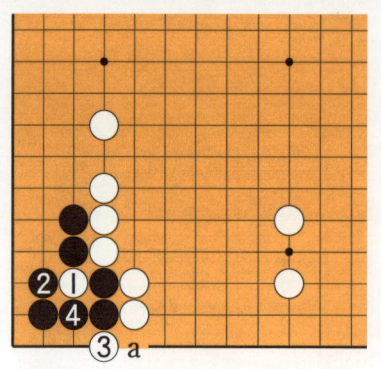

정해도

▶ 백1로 끊는 것이 절묘한 정맥. 흑2라면 백3의 젖힘을 듣게 하여, 흑a의 선수 끝내기를 방지하므로 선수 4집의 차이가 생긴다.

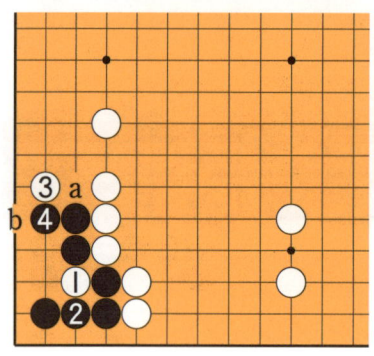

1도

1도 앞 그림은 괴롭기 때문에 흑2쪽부터 받으면 백3으로 한 칸 뜀이 모양. 흑4의 받음은 순리. 다음에 백이 둘 경우는 a의 곳이 아니고 b의 젖힘이다.

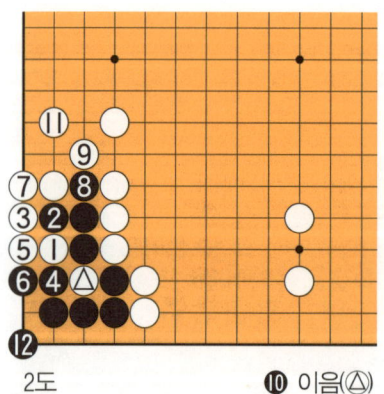

2도   ⑩ 이음(△)

1도 앞 그림의 흑4를 생략하면 백1의 젖힘이 준비되어 있어 이하 흑12까지, 흑은 겨우 눈 두 개로 산다. △의 끊음 하나가 뜻하지 않은 효과를 올린 셈이다.

230

문제도

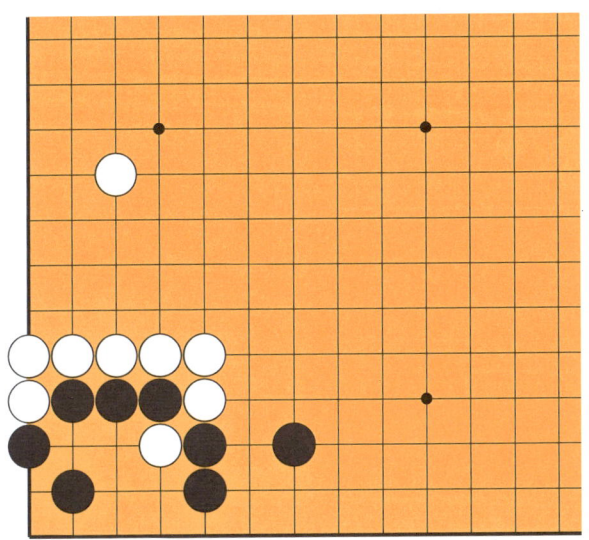

테스트 13 　백선

'집 안에 수가 있다'고 하지만, 설마하는 흑집에 끝내기의 수단이
생긴다.

　제1감의 급소를 알면 자연히 길이 열린다.

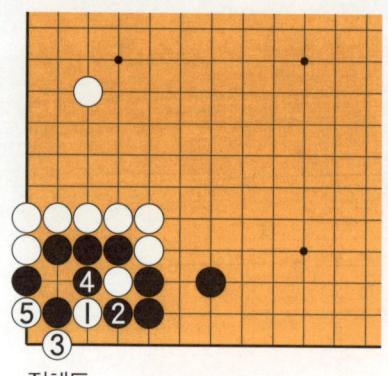

정해도

정해

▶ 백1의 마늘모가 흑의 안형을 없애는 정맥. 흑2일 때 백3에 젖히고 흑4의 따냄을 기다려 백5에 먹여치면 패가 된다.

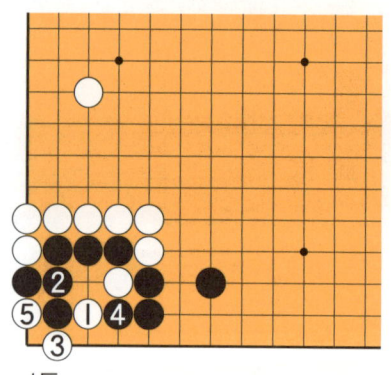

1도

1도 흑2의 이음은 손해가 커질 뿐, 흑4일 때 백5로 단수하여 패인데 이 꽃놀이패는 흑의 부담이 크다. 정해도밖에 다른 길이 없다.

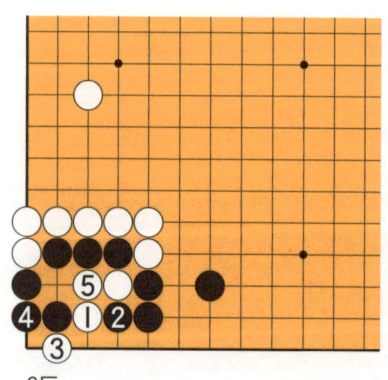

2도

2도 백1, 3에 대해 흑4의 급소에 빈삼각의 우형으로 두는 것은 백5의 이음으로 괴멸. 정해도의 백1은 알겠지만, 3부터 5의 끈기있는 수까지 알면 유단자.

232

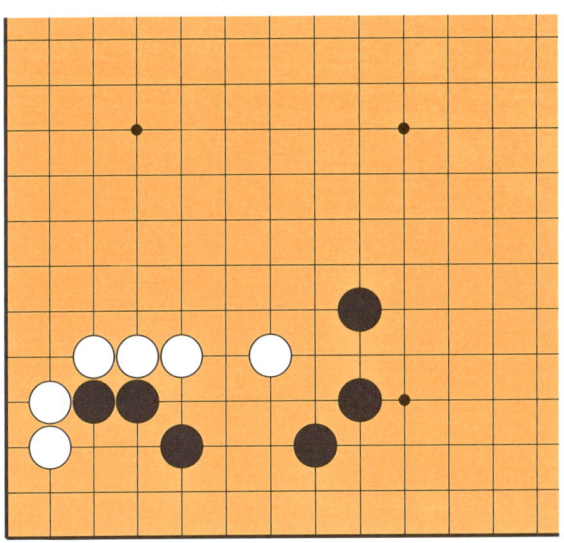

테스트 14 백선

이 귀를 끝내기할 경우 어떻게 두는 게 좋을까? 평범한 착상이 아니고 흑의 엷은 모습을 어떻게 포착하느냐가 포인트이다.

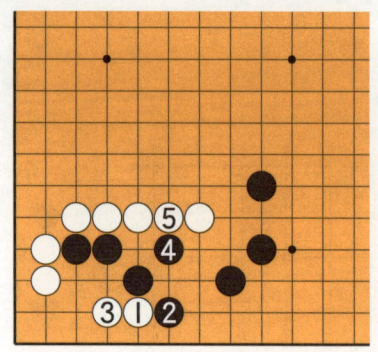

정해도

정해

▶ 백1의 붙임이 흑의 약점을 찌르는 정맥이다. 흑2로 안부터 막으면 백3에 늘고 크게 도려내서 성공. 과연 백1이 빛난다.

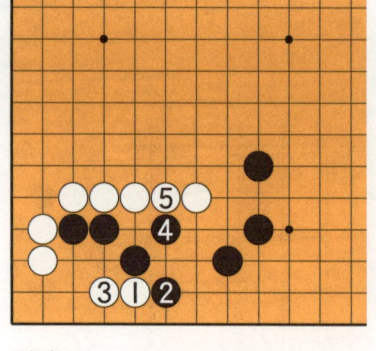

1도   ⑨ 이음(4)

1도 흑2로 바깥부터 막음은 무리한 모양. 백3의 젖힘이 묘수로 자연히 수상전인데 15까지로 백의 1수 승리. 흑6으로 a는 백8.

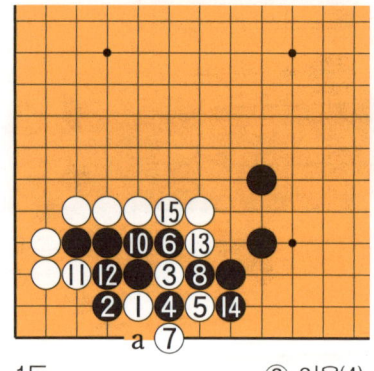

2도

2도 평범하게 백1, 3의 끝내기는 아무것도 아니다. 백a, 흑b, 백c, 흑d도 평범해서 대동소이. 아무튼 실패이다.

문제도

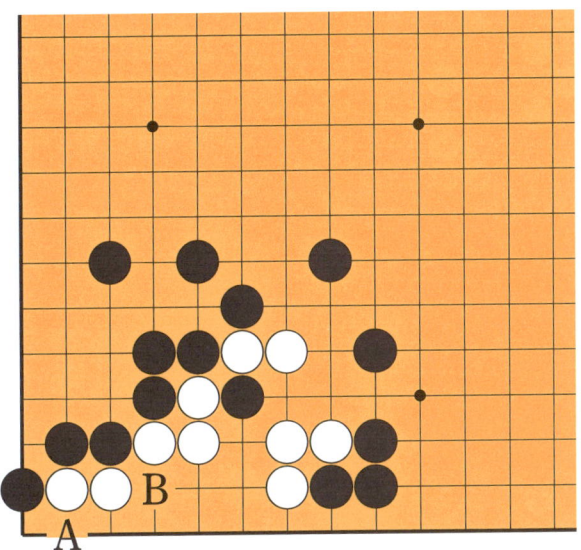

테스트 15　　흑선

평범하게 흑A로 젖히는 것은 백B로서 약 8집의 백집이다.
잡혀 있는 한 점을 활용하여 교묘한 끝내기를 연구해 주기 바란다.

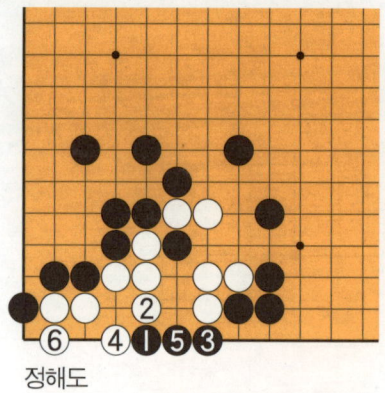

정해도

정해

▶ 흑1의 치중이 날카로운 맥. 백2로 받을 수밖에 없는 모양이므로 백집은 5집. [문제도]의 끝내기보다 흑의 3집 이득인데, 미세한 바둑이라면 승패에 관계된다.

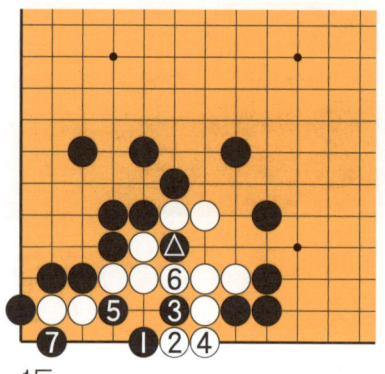

1도

1도 백2의 받음은 흑3의 단수가 선수여서 5의 끊음이 성립한다. ▲가 위력을 발휘하여 백6으로 받을 수밖에 없으므로, 다음 흑7로 두 점을 잡으며 큰 이익.

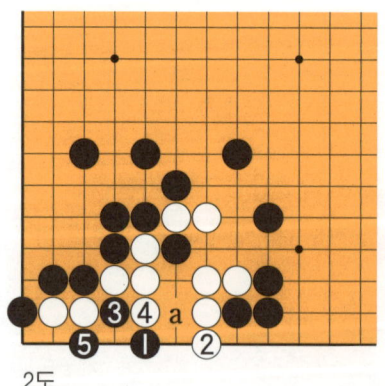

2도

2도 백2 또는 a로 가로막는 것도 역시 흑3의 끊음이 노림수. 백4, 흑5로 패인데 대마의 사활에 관계되므로 안 된다.

236

문제도

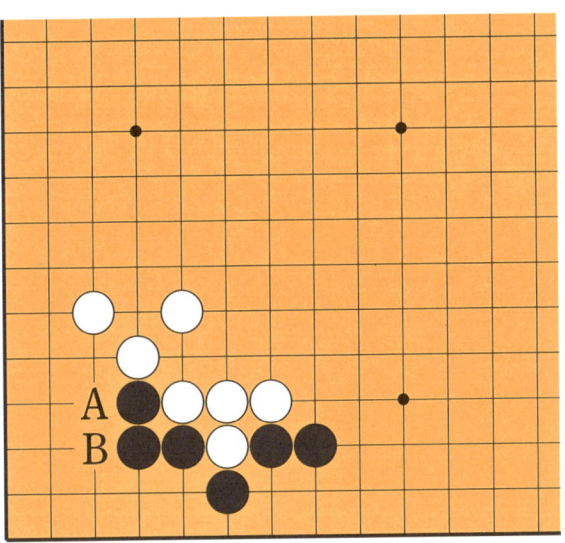

　평범하게 백A로 젖힘은 흑B의 막음으로 별 효과가 없다. 백부터 좋은 수순은 없을까? 실전 응용의 맥을 생각해 주기 바란다.

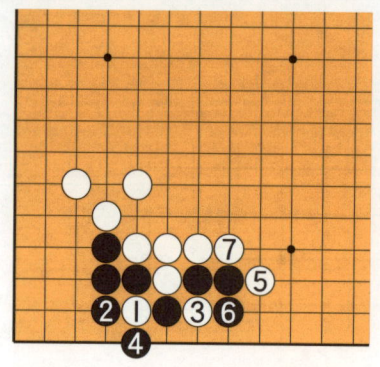

정해도

▶ 백1로 끊어서 동정을 보는 게 재미있는 수. 흑2로 잡으면 백3으로 끊은 다음 5의 코붙임이 상용의 정맥. 흑6으로써 7은 백6.

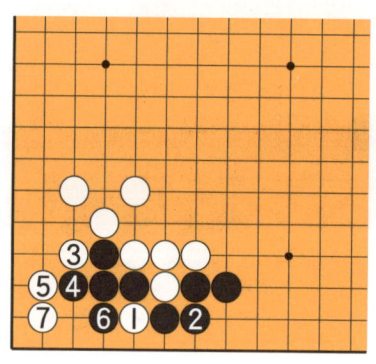

1도

1도 흑2쪽을 이으면 백3, 5의 2단젖힘이 시원한 맥이다. 흑6은 부득이하므로 백7로 기분좋게 삭감하여 성공. 흑6으로써 다음 그림처럼….

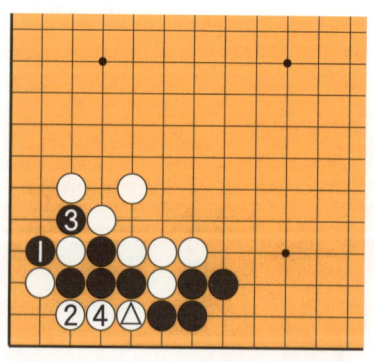

2도

2도 흑1로 끊으면 백2부터의 조임이 성립되어 흑의 괴멸. △의 수법은 응용 범위가 넓으므로 이를 적절히 둔다면 유단자.

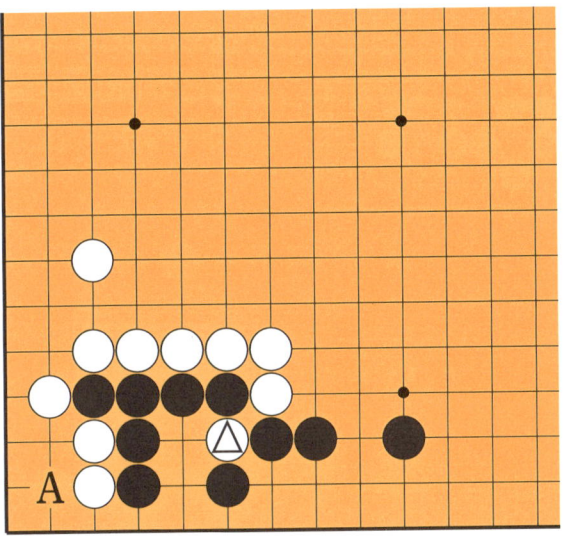

테스트 17   백선

흑부터 둔다면 A의 붙임이 큰 끝내기인데, 그것을 사전에 차단하는 끝내기의 맥을 생각해 주기 바란다. 노림수는 △의 활용과 흑의 자충 관계에 있다.

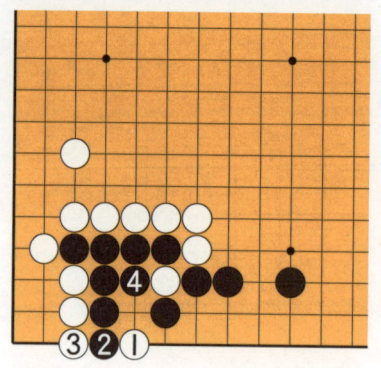

정해도

정해

▶ 백1의 치중이 교묘한 끝내기의 맥이 된다. 흑2로 가로 막으면 백3의 막음이 선수로 듣는 게 포인트. 2도에 비해 백의 선수 7집 이득.

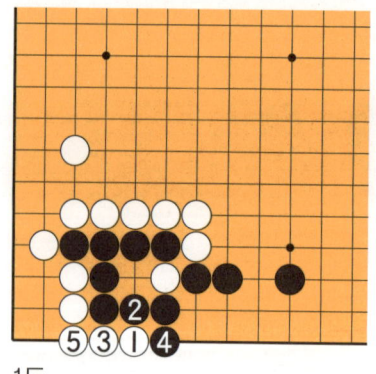

1도

1도 흑2의 이음이라면 백3부터 5가 되는데, 그러면 백의 후수 10집 이득이다. 백1의 맥은 약간의 맹점인데 승패에 직결된다.

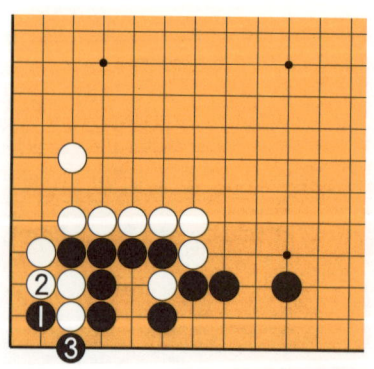

2도

2도 정해도가 매우 큰 수이므로, 그에 앞서 흑1의 붙임부터 3의 건너감이 놓칠 수 없는 끝내기. 섬세하고도 교묘한 끝내기로서 알아두기 바란다.